十字路口上的東亞區域整合

U0118112

**東亞焦點叢書**

# 十字路口上的東亞區域整合
## 競爭還是合作？

蔡怡竑

香港城市大學出版社
City University of Hong Kong Press

| | |
|---|---|
| 編　　輯 | 陳明慧 |
| 實習編輯 | 蔡潔玲（香港城市大學創意媒體學系三年級） |
| 書籍設計 | 譚家威 |
| 排　　版 | 譚家威 |

**圖片提供**

封面及封底、頁5、7、14、23、36、45、57、91、98、111、125、132
(Getty Images)

國際統一書號：978-962-937-561-4

出版

　　香港城市大學出版社
　　香港九龍達之路
　　香港城市大學
　　網址：www.cityu.edu.hk/upress
　　電郵：upress@cityu.edu.hk

**East Asia at a Crossroads: Regional Cooperation or Competition?**
(in traditional Chinese characters)

ISBN: 978-962-937-561-4

Published by

　　City University of Hong Kong Press
　　Tat Chee Avenue
　　Kowloon, Hong Kong
　　Website: www.cityu.edu.hk/upress
　　E-mail: upress@cityu.edu.hk

Printed in Hong Kong

# 目錄

# 總序

都說 21 世紀是「亞洲世紀」：300 年前，亞洲佔全球本地生產總值的比例接近 60%，今天這比例是 30% 左右，但一些預測相信到本世紀中，這比例會回復到 50%。是的，亞洲很重要，*National Geographic* 的調查卻透露美國大學生當中超過七成人不知道全球最大的商品和服務出口國其實是美國而不是中國；美國有國際條約責任，當日本受到襲擊時需予以保護，知道的美國大學生不足三成。

不要誤會，這裏不是在玩國際冷知識大比拼，國際知識和國際視野也不是同一回事，至少大家不會反對，藉着國際知識冀在升學求職方面「提升競爭力」，總不能算是一種國際視野。當亞洲重新為世界的發展發動重大力量的當下，挑戰和困難隨之而來，我們有什麼選擇、限制、可能性和責任？有多少可以參與、實踐、建構或改變的空間？邁前也好，躊躇也好，甚至歸去也好，態度、觀念、生活方式、情感以何為據？深情冷眼要洞見的視野，應該有歷史的維度、跨學科的視角、人文的關懷、全球在地的胸襟。這一切，靠誰？

一個以亞太區戰略性國際精英為對象的意見調查透露，雖然大部分受訪者都預期未來十年最重要的經濟夥伴是中國，但東亞地區最大的和平和穩定力量依然是美國。然而，要建立一個東亞社區，有什麼重大議程應該大力推動？地區內 11 個強國和社會當中，美國幾乎是最不關心人權、自由和開放選舉的，

而且這種疑惑似乎是年復一年地惡化；關於未來的挑戰：泰國和新加坡最關心的地區金融危機、印尼最關心的人道需要（例如食水、糧食、教育）、台灣最關心的領土和歷史爭議、日本最關心的自然災難、南韓最關心的核擴散危機……等等，全部都沒有被美國精英選入中度關注之列。

今天，大家都知道要警惕西方中心的不可靠。根本的問題如「東亞」應該如何定義，誠如韓裔國際研究名家 Samuel S. Kim 所論，過去將之圈定為中國、日本和韓國，是美國人所謂「儒家文化圈」的偏見使然，也因為他們不樂意看見一個協同增效力量更大的「東亞」。然而，面對未來發展或者變化的難題與機遇，將中、日、韓加上東南亞諸國去建構的東亞論述，不是能夠更有效地看清楚如何防微杜漸，繼往開來嗎？籌備這套叢書的過程之中，其實就是滿懷「逆思考」去捫心自省：西方中心主義不可靠，那麼我們自己可靠嗎？我們的能力似乎愈來愈大了，直到有一天，那些期許、挑戰和責任都來到面前，到了要選擇、建構和體驗的時候，我們會立足在什麼視野的裏裏外外？

因應獨特的歷史和地緣條件，「世界的香港」和「亞洲的香港」在國際交流和東亞身份的營造過程當中所能夠發揮的作用，過去是非同小可，未來也大有可為。年前有調查研究發現，香港人對「亞洲人」這身份的認同感之高，甚至跟認同「香港人」身份相若。另一個以教育工作者為訪談對象的比較研究顯示，其他國際城市的老師認為要提升學生的國際知識，因為相信這些知識有助年輕人在升學求職方面「提升競爭力」，但香港老師的信念是，年輕人本來就應該對多元文化價值的了解和欣賞，多作耕耘。香港城市大學出版社獨具慧眼和胸襟，沒有錯過香港這份人文天賦，推動出版這套「東亞焦點叢書」，以小型的裝幀和聚焦的主題去配合今天讀者的閱讀喜

好，以國際化和跨學科的寫作團隊去建構開放和全球在地的東亞論述，為培養香港以至華文世界讀者的東亞視野，以長流細水灌之溉之。


羅金義

香港教育大學大中華研究中心

# 前言

　　相信很多讀者會疑問對為何全球有那麼多的自由貿易協定，區域性制度？究竟這些事與物的發展與我何干？報章媒體看到聽到什麼貿易協定與區域整合正在談判，到底對我們老百姓有何影響？姑且請讀者耐性看完這本書，就會發現我們東亞的區域整合為何不如歐盟的共同體？為何歐盟能，東亞卻不能完成屬於東亞的區域整合？

　　上世紀70年代，全球化的發展迅速，貿易自由化也延伸到區域整合，即所謂的區域化（Regionalization）的枝節。筆者在書中的前面部分做了簡約的歷史演變闡述工作，論述東亞地緣發展與導入區域主義的概念到東亞的主體結構之中。論歷史觀，東亞的區域整合可以從漢朝時期的絲綢之路說起。論世界時勢演變，分別由19世紀中葉的工業革命，到了20世紀初的第二次通訊革命，最終到了1970年代後的訊息革命時代。從區域發展的視角，歐盟往往是被各界效仿的典範。至於東亞，是否也應該如法炮製？答案或建議可以有很多種，也可以多元並驅。礙於東亞複雜的地緣條件以及客觀歷史舞台的轉變而難以相提並論。東亞的區域整合是否由合作變成競爭呢？筆者個人就非常推崇達爾文的「天擇論」，刺骨地刻劃出現實世界的「叢林法則」——適者生存。東亞區域整合的現況與未來發展，如出一轍地反映東亞地緣的複雜原貌。

筆者匯集區域整合理論、國際政治經濟學及新自由主義三大理論嵌入到東亞的地緣，探索與解構東亞區域整合的來龍去脈。其次，分別以經濟競爭、政治博弈與建制規範三種視角築起一個以東亞區域整合的發展模式與態勢。書中的第三章至第五章，是這本書的核心組件，也是東亞競爭式區域整合的本質。全書都貫穿在不對稱的互賴關係與安全考量。地緣經濟學與國際政治經濟學很顯然可以為大家解惑——為何區域經濟整合崛起。一個以經濟互賴關係為利益基礎，一個以跨境合作為整合方式，一個以區域與國家之間的連結作為平台，這些都是區域經濟整合的重要砥柱。三者之間恰也存在一個共同的特性——競爭，也就是書中提到的沒有休止符的競爭性區域整合。這一種區域經濟整合在本質與特性都與歐盟的整合有所差異。在競爭博弈中，國家與企業都一樣，必須研發出好的策略以謀生存，尋求合作機會以促成最大的利益，所以説成是「隨波逐流」。在第三章的區域經濟整合的後部，筆者增加以新加坡及香港微型經濟體在區域整合的參與及經驗，分析他們如何將自身在區域整合或處於的劣勢轉為優勢，從被動轉為主動，融入到東亞區域整合之中。

　　東北亞的中國、日本與韓國就努力實踐一個「中日韓三邊自由貿易協定」，唯獨三國仍缺乏彼此的政治互信。在近代史上，日本曾以侵略戰爭試圖完成一個以日本為中心的「大東亞共榮圈」，不過最終仍以失敗收場。這種付諸粗暴的整合，為日本遺留不少歷史問題與陰影。甦醒的中國不斷向國際社會宣示一個以「和平崛起」的區域大國，儘管中國全力以赴用經濟貿易途徑來探索新的東亞整合模式，並保障中國的國家利益與安全觀，但中國崛起能否為東亞區域整合創造一個新的契機？東南亞的東盟能否持續維護初衷，為東南亞區域創造一個穩定與合作的區域框架？以「中日韓」形成的「加三模式」，究竟能否為東盟與東亞整合加分？

「東盟加三」看似成功的整合模式，卻也反映出「中日韓—東盟」、「中日—東盟」、「東盟」、「東盟加六」、「亞太多邊」、「泛太平洋多邊」等制度框架的叢生問題。另一個以美國霸權維持的當今世界體系是否接受一個由「中國崛起」引領的東亞區域秩序？美國奧巴馬政府在2009年推出的「重返亞太」戰略的軍事部署與美國版的「泛太平洋夥伴協定」（Trans-Pacific Partnership, TPP）兩大戰略支柱牽制着中國的「突圍」行動。到了特朗普政府2018年正式退出TPP，日本安倍政府卻在另一邊廂呼籲美國引領亞太國家遏制中國崛起。實際上，日本早已蠢蠢欲動要主導東亞的經濟秩序，前提是需要取得美國的首允或「授權代理」。少了美國的TPP能否為創建一個屬於東亞國家主導的區域經濟整合呢？中國「支持」印尼領導的「區域全面經濟夥伴」（Regional Comprehensive Economic Partnership, RCEP）已經悄然加快步伐在談判桌進行整合。

　　2013年中國提出的「一帶一路」（One Belt One Road, OBOR）與日本在2015年提出的「高質量基礎建設夥伴關係」（The Partnership for Quality Infrastructure, PQI）紛紛為東亞區域整合提供更多的資金與技術，一種以新型資金流與技術流形成的地緣整合戰略再次呈現在東亞。或言之，出現在東亞區域整合的變數是越來越多，而東亞國家內部的同質性競爭也將成為區域經濟整合的挑戰之一，乃至於區域整合有效創造出的溢出效益與社會福祉，能否體現在東亞的老百姓身上？

# 本書圖表

## 表

# 圖

# 1

## 聚焦東亞

回顧歷史，中國古代的「絲綢之路」早在兩千多年前就已開始在做跨境的區域整合，唯獨規模限於交通與貿易流量並不大，卻也彰顯中西方在文明與貿易交往的意涵深遠。西漢時期，中國以長安為起點，經關中平原、河西走廊、塔里木盆地，到錫爾河與烏滸河之間的中亞河中地區、大伊朗，並聯結地中海各國的陸上通往歐亞北部所形成的商路，開啟中西方貿易流的沿點對接，其中又以絲綢製品的影響最大，故得此名。

　　到了近代，歐洲整合由1943年比利時、荷蘭及盧森堡三國流亡政府在倫敦簽訂「荷盧關稅同盟」（Benelux），同意實施貨幣掛鉤與降低關稅的關稅同盟，並在1948年1月1日正式生效實施，開啟了西歐區域整合的先例。此後，1951年德法兩國為發端的「歐洲煤鋼共同體」（ECSC）為始，由經濟面整合進而尋求會員國在各面向的整合與發展的過程，為後來的歐盟的成立奠定基礎。

　　從上世紀70年代開始，全球化加速改變了世界地緣政治與經濟格局，「區域整合」（Regional integration）或「區域經濟一體化」（Regional economic integration）已成為大國開展戰略合作與競爭的重要手段。近年來，中國、韓國、日本等相繼與東盟成員國建立自由貿易區，力圖在區域內構建其利益共同體，主導區域經濟整合進程。而另一頭，隨着中美兩國在亞太地區經濟實力的消長因故，由中國主導的區域經濟整合進程已會進一步加快推動地緣經濟政治變化和權力轉移，區域權力博弈格局亦即加劇。或許，有些社會聲音會質疑，區域經濟整合經常都在新聞、報章上談到，最終都沒有什麼實際進展？說到這裏，民眾對全球化的認識或許就多一點，而對區域經濟整合就沒有什麼清晰的概念。

# 起錨點：區域經濟整合

　　全球各地區都在進行區域整合的當下，一個穩定的國際體系就格外重要的，否則整合進程難以在動盪及不穩定的國際環境下進行。所幸之事，是二戰過後就沒有出現大規模的戰爭，為戰後重建及去殖民化創造更多的發展契機。其中，大多數都以開放及經濟發展作為各國邁向現代化國家發展。綜觀東亞，多國認知到搞意識型態的對抗始終是無利於國家的發展，甚至在國際社會面對更多的孤立與制裁。然而，這一大勢所趨的背後必然有一套強而有力的理論去支持。美國經濟學家金德爾伯格（Charles P. Kindleberger）及國際關係學者吉爾平（Robert Gilpin）相繼提出及修正霸權穩定論（Hegemonic Stability Theory, HST），一個以美國霸權為中心的全球新自由主義秩序，透過相互依賴來增加彼此發動戰爭或發生衝突的成本來降低戰爭的機會。在這種環境下，各國更願意採取合作，在自由主義體系下持開放的態度謀劃符合國家發展的道路。全球化進一步深化貿易、金融、投資、勞動力市場和理念在全球市場日益一體化。到了90年代，東亞就相繼出現「亞洲四小龍」（台灣、香港、新加坡及南韓）以及「亞洲四小虎」（泰國、馬來西亞、印尼及菲律賓）。

　　美國主導的新自由主義全球化從國際分工、國際貿易和收入分配三個方面加劇了世界經濟的不平衡，而且這種不平衡不再僅僅對發展中國家不利，也導致發達國家的政治和社會風險日益明顯。目前全球化進入深度調整和轉型階段，即西方統治精英的全球主義共識被削弱，市場邏輯與國家主體進入重新博弈階段，全球經濟治理呈現進一步碎片化（Fragmentation）趨勢。究竟全球化帶給東亞的是一個怎樣的發展道路？面對不對稱的發展模型與不公平的發展結果，東亞國家該如何面對這些矛盾的挑戰？

二次世界大戰時期，大部分東南亞國家成為了歐洲國家的殖民地，而日本當時亦對擁有豐富資源的東南亞地區虎視眈眈。

　　1990年代國際間再度興起區域經濟整合的風潮，當「關稅和貿易總協定」（General Agreement on Tariffs and Trade, GATT）下的多邊貿易談判進展緩慢時，東亞開始使用「自由貿易協定」（Free Trade Agreements, FTAs）來促進貿易自由化（Liberalization of trade）。特別是世界貿易組織（WTO，簡稱世貿組織）多邊自由化的進展受阻，而自由貿易協定迅速擴散，東亞區域變得更加互聯、網絡化和區域化，區域內整合亦有很大的進展。這種擴散不僅受到世貿組織多邊方式的單軌驅動，而且受雙邊和區域方式的驅動。越來越多的自由貿易協定促使地區國家實施區域機制，以促進和惠及東亞地區貿易的自由化。

　　位處歐亞大陸邊緣的東亞地區，不僅獨特於地緣關係，同時也是區域主義的「前線戰場」，尤其是在區域自由貿易化與整合制度的不同。21世紀的東亞，由於近年發起的巨型自

由貿易協定（Mega FTA）已逐漸醞釀出新一波的區域主義浪潮，尤其是東盟加三、東盟加六、跨太平洋夥伴關係（Trans-Pacific Partnership, TPP）與區域全面經濟夥伴關係（Regional Comprehensive Economic Partner, RCEP）等相繼出現，互別矛頭，視為競爭式區域主義（Competing regionalism）。

亞洲開發銀行（Asian Development Bank，ADB）的統計報告顯示，覆蓋東亞經濟體已簽署和生效FTA的累計數量從1998年的38個增加到2016年2月的147個，其中79個FTA（約54%）。在68個自由貿易協定中，東亞經濟體也佔49個，這些自由貿易協定當中有些已經生效，有些還在談判中。東盟加三國（ASEAN Plus Three, APT）、東盟加六（ASEAN Plus Six, APS）、TPP和RCEP等巨型自由貿易區相繼生效或即將完成。這些FTA之間所產生的衝突不僅引發了一系列有關東亞區域化進程中經濟相互依存的疑慮，同時也產生了安全困境的問題，並且被引入了東亞地區主義的競爭框架之中。

除了東亞區域內出現多個自由貿易整合外，中國崛起也被視為東亞競爭型區域整合的主角。當前的中國已經佔踞全球第二大經濟體，並在全球製造出口的份額超越美國、日本，成了全球最大的製造出口大國。中國的外匯儲備已經逾三兆美元，是全球最大的外匯儲備國。隨着貿易流帶動更多的經濟聯繫，人民幣在國際主要流動貨幣體系的地位日益顯著，並已被國際貨幣組織提升人民幣在特別提款權的份額。其次，中國從1997年開始積極地融入亞太地區的區域整合，其參與度不斷增加，並且與美日早在東亞建立的經濟建制下相互競爭。中國崛起提升了一個互相依賴的網絡與台階，也促進了周邊地區經濟增長，並與周邊國家聯繫在一起展開合作與競爭關係。中國與地區國家之間的經濟聯繫不斷加強，東南地區沒有一個國家能夠擺脫中國因素的支配地位，逐步取代日本在1997年亞洲金融危

近年，中、美兩國之間的經濟競爭不斷，並已成為世界第二大經濟體。在東亞區域，中國亦積極融入亞太地區整合，與周邊國家建立經濟聯繫。

機之前的經濟主導地位。然而，今日崛起的中國經濟，已經是具備移植整條生產線及資金流的經濟大國，「Made in China」所夾帶的資金與成本優勢給東南亞當地社會帶來不單只是外來資金，更多的是「價格競爭」（Price competition）。在經濟學，成本帶動價格下跌增加了生產者的獲利空間，對消費者而言，消費者剩餘[1]隨之增加亦是好事；但對於本地的生產者就並非善事一樁了，如果「低廉競爭」是源自國外生產者或出口商，而非在地生產者，定然會在惡性的價格競爭與生產關係兩大主因下，把在地生產者的產業價值鏈的最底端都盤走，盡顯在地中小企業與勞動者面對着無所適從的競爭與被淘汰的壓力。

---

1. 經濟剩盈餘是用於經濟學的一種概念，分為消費者盈餘、生產者盈餘及兩者加總形成的總盈餘。消費者剩餘（consumer surplus）是指購買者的支付意願減去購買者的實際支付量。消費者剩餘衡量了購買者自己感覺到所獲得的額外利益。

筆者以經濟、政治以及制度競爭三個支柱審視東亞的競爭區域主義，所引介的互動式五力競爭模型，論述複雜的相互依賴、東亞區域主義之間的因果聯繫以及內生和外生競爭來說明東亞競爭性區域主義。筆者探討了這樣一個問題：「經濟相互依存在競爭意義上增加還是減少了東亞國家之間的合作？」同時，全球供應價值（Global Supply Value, GSV）的競爭早已存在於東亞區域經濟發展模型之中；另一方面，中美和「中日關係」，特別是它們的合作與競爭，是東亞地緣政治亟需應對的問題。至於東亞區域國家的決策者能否在無憂的競爭結果下，促使這些國家加強相互依存而實現更多的增長？在長期，這些競爭現象會為東亞區域主義創造一個負零和博弈嗎（Negative zero-sum Game）？

## 何謂區域主義？

區域主義的發展在過去並未獲得很多的關注，直至上世紀80年代才開始被學界着墨探討。有些學者會把「區域主義」（Regionalism）與「區域化」（Regionalization，中國內地稱為一體化）混為一談，兩者之間實際是有所差異。區域政治研究學者Louis J. Cantori 與Steven Spiegel 等人（1970）針對區域主義做出這樣的定義，強調地理鄰近性，國際互動，共同紐帶（種族，語言，文化，社會和歷史）以及有時受到該地區以外國家影響的認同感。在西歐的區域主義中，一般被分成三個學派：跨政府主義（Inter-governmentalism），聯邦主義（Federalism）與功能主義（Functionalism）。Mitrany（1933）提出了基於跨國合作的國際新秩序，其重點是有效管理有限的資源，以建立積極的合作關係並創建有效的和平系統。跨政府的背景意味着實現區域合作和一體化必須由同一地理區域內兩個或兩個以上國家的政府決定，以促進不同領域的合作。其次，Boka（2005）

認為Altiero Spinelli的憲制聯邦主義（Constitution-federalism）具有較強體制組成的成份，並側重於立即建立聯邦政治機構，首先是對所有歐洲公民直接負責的超國家政府（Supranational government）。這一重點是建立一個社區和共同市場，這不僅需要國家之間的超國家合作，還需要採用共同的經濟政策和系統的規劃程序治理。新功能主義（Neofunctionalism）的Hass（1964）表明國家可以通過相互依存走向更密切的合作，溢出效果（Spillover effects）概念取代了超國家方法中的跨界協調。

Hettne和Söderbaum（2000）將區域主義的發展演繹成一個高度內生的過程，由各種經濟、社會文化、政治和歷史路徑依賴因素形成，而這些因素已處於或嵌入在當地，並且不會導致一致性的經驗。另一派學者則着重於政治經濟學視角，Bhagwati（1999）將區域主義定義為一部分國家中所做出的優惠貿易安排（Preferential Trading Agreement, PTA），因為 PTA可被視為是在特定協議下操縱一組國家之間的貿易流動的有意的舉措；而區域化只是指由於地理位置接近而將當地經濟納入鄰近經濟體。本書則以國際政治經濟學視角嵌入在區域經濟整合的理論之中。

# 2

東亞整合的身影

東亞，作為當今世界上最複雜的地緣政治板塊，讓東亞成了大國強權之間名副其實的兵家必爭之地。在美國主導的自由主義體系下，全球化與區域化並行的態勢似如在驅動着另一股重塑國際政治經濟秩序的力量。理論上，國家利益在區域整合過程中是存在相互衝突。這種區域整合通常是由一個強大的成員國所主導，而大國與其他不同規模國家的利益是屬不同性質，且存在不同程度的利益衝突與矛盾。對於小國而言，如馬來西亞、新加坡等國，面臨中國如此龐大經濟體的崛起以及挾帶強勁經濟實力的日本等的威脅，尋找出一條適合小國生存與發展空間的道路確實不易。最顯眼的當屬叢林法則（The Law of the Jungle），是大森林裏的生存法則。在大森林之中，各種動物之間為了生存，必須互相競爭，甚至互相殘殺，虎食狼，狼食羊，羊食草……，物競天擇，弱肉強食，適者生存。

　　區域整合本質上就與利益直接掛鈎，無論中國、日本及其他區域國家都有不同程度的關係與意義。當然，首先想到的是中國崛起與區域整合之間存在着怎樣的利益瓜葛？對於東亞老二的日本，區域整合又對這個最大的對外直接投資輸出國又有什麼特別的戰略意義呢？至於其他的東亞區域小國，缺乏資金與技術就是這些國家根本的痛，有再多資源與戰略樞紐和地理位置都無法有效地仿效南韓，在資源匱乏與安全威脅的逆境下，以國家資本經濟制度與國際生產緊密合作而快速竄起。

## 隨波逐流的東亞區域整合

　　東亞地區主義是一個具有複雜又多維的區域意識。首先，這一過程關注區域機構或區塊的「成員身份」，以及與該地區「開放」軌道或加入區域整合潮流的關係。其次，加入區域性機

二次世界大戰前，日本所主張的「大東亞共榮圈」思想，原是以團結亞洲國家，擺脫西方列強奴役為理想的泛亞整合。後來日本的軍國主義者利用民眾的支持發動大東亞戰爭，為自身謀取福祉，變成以侵略作為手段的區域整合。

構的成員國強調其中的利益和討價還價模式。隨着歷史與時代背景產生的影響，在東亞自身所形成的區域主義都呈現不同的風貌，尤其是時勢塑造東亞不同區域主義發展型態。

「粗糙式區域主義」（Brutal regionalism）曾出現在二戰時期，由日本在1930至1945年提出的「大東亞共榮圈」開始，是一種以侵略作為手段的區域整合。「大東亞共榮圈」當時是用來取代威爾遜理性主義的「門戶洞開」。日本的「大東亞共榮圈」明顯是一種暴力的產物，消極的力量，並助長殖民主義與種族主義的區域意識。

亞太經合組織成員國將「開放區域主義」（Open regionalism）定義為追求自願性經濟合作，而不對其他區域世

界和單方面的貿易自由化。這一概念起源於早期的討論，聲稱通過消除貿易壁壘和鼓勵區域合作而不受歧視，可以擴大亞太地區的區域貿易。開放區域主義也有助於促進「多邊主義」（Pluralism）以及RTA局外人的自由化和改革。學界的研究也實證了當貿易集團[1]向非成員國開放時，開放的區域主義是如何成為全球自由貿易的墊腳石。1992年，東盟為了計劃逐步取消關稅並提高該地區作為適應世界市場的生產基地的競爭優勢，「共同有效優惠關稅」計劃（Common Effective Preferential Tariff, CEPT）啟動了一項東盟自由貿易區（ASEAN Free Trade Area, AFTA）的經濟一體化框架。學者Dent就曾解釋東盟在20世紀90年代初就決定建立AFTA的原因是他們對1994年NAFTA簽訂後的影響有所擔憂。

「新區域主義」（New regionalism）可以被看作是新版的開放區域主義，它的驅動力不在區域框架之內，而是源於全球層次。全球經濟正在逐漸成為限制性因素，區域主義的性質和後果可能會在WTO體制下形成新的國際貿易趨勢。世貿組織經濟專家Bhagwati（1992）認為，區域自由貿易協定破壞了關貿總協定的基本不歧視原則，這種原則為世界經濟轉移貿易而不是創造貿易。而APEC其餘工業化國家卻採取貿易保護主義，製造了阻礙貿易進程的貿易壁壘。

Telò（2014）將「戰略區域主義」定義為區域地緣經濟利益的競爭。這個概念認為單獨的社會經濟和學習模式可以在競爭性地緣經濟背景下應用。地緣戰略專家Gilson（2007）認為東亞國家的決策者逐漸認識到區域互動的背景可以促進東亞的戰略合作安排。在美國，日本和中國的外交政策議程中，一個地區

---

1. 貿易圈（亦稱貿易集團）是由政府間的協議所成立，往往是區域內政府間組織的一部分，各參與成員協議減少或消除在該區域內的貿易壁壘（關稅或非關稅壁壘）。

本身的重要性日益增強，這與三方平衡的新形式相結合，可以形成當代形式的聯合區域領導。例如在1997年建立亞洲貨幣基金組織（Asian Monetary Fund, AMF），美國和中國都有效地阻止了日本穩定東亞其他經濟體並獲得更大的領導作用。這種衝突反映了東盟、美國和日本，以及美日同盟三邊關係中的矛盾。這個例子證明了採用戰略互動來解決共同問題的盟友之間存在爭議性關係。即使日本是美國在亞太地區的「代理人」與緊密盟友，而美國在戰略與國家利益的考量下，也不願意看到強大的日本，更不能逾越美國在戰略上所賦予日本的角色與底線。日本在上世紀80年代後期的「廣場協定」以及90年代「亞洲貨幣基金組織」的實例，進一步證明日本自身在區域或國際舞台的發展，仍然受到美國戰略與美國利益的規範與遏制。

## 東亞整合與多邊主義

在一個不確定性的安全環境下，多邊主義的出現，反映出區域國家對美國霸權和外交政策的新互動模式，而且反映了經濟領域的區域一體化。全球的安全秩序有賴於美國霸權的維護，而美國自身也就美國利益而牽動區域安全的部署與周邊國家的緊張關係。在東亞，美國就此區域的可能衝突熱點與區域大國採取合作策略，甚至是以利誘與脅迫途徑來維護區域安全的均衡，朝核問題與台海問題就是擺在眼前的事實。基於開放區域主義與新區域主義都是屬於多邊的，筆者就簡約地將多邊主義描述為一個繼承了「開放」和「新」區域主義的特點而形成的多方規範機制。

多邊主義因衝突的頻率和強度而增強，尤其是在區域層面上需要管理衝突，同時也強調為東亞創造了戰略衝突解決機

制的功能。特別是，集體行為的特點和對某人或某事的合作規範，勾勒出了區域架構的戰略目的，並以多邊方式阻礙了具體的目標。Bhagwati（1994）將美國稱之為「自私的霸權」，將PTA作為改善與其他政府討價還價的策略。另外，中國的崛起已經加劇了東亞的外交緊張局勢和領土爭端等衝突。多邊主義試圖為東亞各國，特別是中等大國設計一個穩定的區域架構。這些大國可以在東亞建立區域多邊主義，通過制度路徑來限制權力與國家之間的分歧與不平等。東盟目前採用的多邊主義方式繼續面對中國崛起帶來的威脅和機遇。上述評論説明了東亞地區主義和區域化的演變。儘管受到政策或市場驅動，但這兩個過程仍然停滯不前並具有敵對性。在越來越多的區域問題上進行制度化的區域合作反映了東亞國家積極響應全球和區域經濟變化的條件所作的努力。

## 共生結構中的競爭

國際關係學者Wendt曾提出這樣的觀點：競爭性和個體主義的體系既是「自助」又無政府狀態，也就是説相互依存並不局限於合作關係；敵人可以像朋友一樣相互依存；與相互依賴一樣，只有在客觀條件下才能引起集體認同，因為主觀意識到「同一條船」是集體認同的組成部分，而不是原因。

「競爭式區域主義」（Competing regionalism）強調同一地區內各國之間競爭背後的邏輯，特別是與各國的治理地位（或領導地位）和地理影響國際競爭。很自然的，如果競爭者的實力相差不多，視為對稱的競爭；相反地，競爭對手彼此差距或素質參差不齊的話，定然出現不對稱的競爭平台，這時候結果很大可能就是零和。當國家與國家之間的實力相較，競爭結果經常出

現不均等（Unevenly）的現象，因為國際間的競爭往往已經是一個既定的規範下運作。所以，無論是全球體系或是區域體系之中，國家與國家之間的競爭優勢取決對於規範的掌握與實力的發展。

其次，權力重心移轉（Power transition）與競爭對東亞區域產生結構性的變化──即美國霸權的衰退以及中國的崛起。中國現在擁有的市場潛能與資金的支持，使得世界各國紛紛與中國締結一個互相依賴的經濟關係。這一股中國崛起的態勢與美國經濟衰退，在國際間形成一種此消彼長的現象。中國崛起挑戰了美國在東亞的長期主導地位，並不斷阻止以美國為中心的輻射式安全聯盟體系可能帶來對中國的遏制。2009年的「美國對亞洲的再平衡」政策明顯是以壓制中國在亞太地區崛起為目的。東亞其他國家之間內部也衍生出不同層次的發展問題與挑戰。例如馬來西亞，新加坡和泰國在區域層次上有不同程度的經濟競爭，他們都在爭奪東南亞的區域生產中心以吸引更多的外國直接投資（Foreign Direct Investment, FDI）。再者，TPP與RCEP兩項倡議正在東亞地區同步推行，雖有助於亞太地區貿易和經濟自由化，同時也促發競爭性區域主義的現象。在東亞國家之間，他們各自採取不同的競爭政策（Competition policy），開展競爭而非互補性的區域貿易政策。

大國與大國之間的博弈，盡現出此消彼長的形勢與對應策略。除1998年中國總理朱鎔基宣佈的「人民幣不貶值政策」外，中國過去累積的經濟實力在兩次金融風暴中，以及中國廣大的市場也為區域國家的出口創造更多的經濟效益；中國又積極對區域國家進行海外投資，為周邊國家提供更多發展所需的外來直接投資。很明顯的，中國在東亞的經濟與發展確實比美國在這區域的投入得更多，東亞國家也厭惡美國在經濟談判的壓制與霸道。在雙重因素影響下，中國的崛起也迫使美國採取

主動的對策來限制中國在亞太地區影響力，減低因為美國霸權在東亞影響力式微而損失的美國利益。

## 第三波區域經濟整合：雨後春筍的自由貿易

當前的區域經濟整合已經成熟地邁入到「第三波」[2]——競爭式區域經濟整合。全球化與區域經濟整合不僅深化國與國之間的互賴程度，更是為互賴經濟帶來利益的衝突——競爭。這個利益衝突就是互賴經濟下的利益重疊，因為消極的事實會自然反映出零和結果，即使是雙贏的結果，那也是曇花一現。擺在世人眼前的中美經貿關係，不也是從互賴關係創造出的「雙贏」開始，事沿至今成了中美經濟競爭的結果。

1990年代東亞區域主義初時受到當時全球最大的自由貿易協定——（NAFTA）的影響，開始快速萌芽一個以東盟為主的經濟聯盟，1997年後續發展出一個以「東盟加N」系統的經濟整合發展，其中包括東盟加一、東盟加三，及東盟加六等的區域貿易協定。經歷相隔十年的兩次危機，東亞國家不斷檢視對歐洲和北美市場的出口的傳統依賴關係，再加上中國這個龐大市場正在影響着區域貿易發展。這種關係是直接影響到東南亞國家

---

2　在筆者的研究中，區域經濟整合分成三個波勢。「第一波」發生在1960年代的歐洲鋼鐵協會組建的「鋼鐵共同市場」，亦是歐盟經濟體的前身，稱之為「典型的區域經濟整合」（classic regionalism）。「第二波」則發生在90年代的東亞與北美洲，日本受到「廣場協定」的影響，日圓瞬間升值導致資金及產能移轉到東南亞地區，並帶動該區的經濟蓬勃發展，促使該地區國家走向生產及市場的整合；同時，美國與墨西哥及加拿大完成北美洲自由貿易區，形成當時全球最大的自貿區，稱之為「開放式區域主義」（open regionalism）。「第三波」則發生在兩次金融危機的背景下，各國為了挽救各自的經濟條件，同時規避被自貿區邊緣化的意識下進行區域經濟整合；此階段，大多數國家都在匯率政策、關稅、市場開放等方面採取競爭方式進行所謂的整合，因此在區域經濟整合的合作平台上產生不少的矛盾，猶如意大利麵內的交織複雜（原產地原則）等衝突。

的出口利益，並推動他們向有利於自身貿易條件的貿易集團靠攏。其次，東亞國家與歐盟及美國在進行貿易的同時，也發生不少矛盾與貿易爭端。例如「多哈回合」（Doha Round）的失敗以及越來越多的貿易爭端加劇了WTO成員國在WTO全球貿易體系中的矛盾，其中一些爭端就涉及到國際貿易和RTA未能履行對該制度的貿易承諾。

與此趨勢一致，東亞國家與其貿易夥伴開展了雙邊FTA談判，以在區域貿易中建立雙邊自由貿易協定網絡。2005年以前，東盟與東北亞經濟合作夥伴如東盟—中國自由貿易協定（ACFTA），東盟—日本全面經濟夥伴關係（AJCEP）和東盟—韓國自由貿易協定等完成了少數雙邊自由貿易協定。這些雙邊自由貿易協定覆蓋了一個市場，規模超過二十億人口，其次是其國內生產總值，僅次於最大的歐盟。自由貿易協定（Free Trade Agreement, FTA）、經濟夥伴關係協定（Economic Partnership Agreement, EPA）等雙邊協定的簽訂，對東亞區域的國際產業生產與貿易活動影響將持續加深，乃至亞太區域的經濟整合進程亦持續在發展，如「東盟自由貿易區」（ASEAN Free Trade Area, AFTA）、「東盟加三」（ASEAN Plus Three, APT）、「泛太平洋戰略伙伴協議」及「區域全面經濟夥伴關係」等亞太區域經濟整合的進程不斷與深化區域貿易、市場整合、貨幣互換等合作，全面強化區域經濟貿易發展以及抵禦區域外的經濟風險。


## 沒有休止符的競爭式區域主義

區域貿易協定（Regional Trading Agreement, RTA）旨在管理跨國計劃的功能合作，並啟動更深層次的區域一體化進程。許

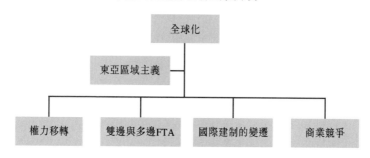

圖2.1 東亞競爭區域主義的本質

多世貿組織成員使用區域貿易協定作為貿易政策工具來補充最惠國待遇（Most Favored Nation, MFN）。這些RTA大部分來自東亞，Urata（2009）指出在東亞一體化中發揮領導作用對自由貿易協定的擴散至關重要的就是得到東亞國家的市場准入機會。日本在短短的八年間就與東盟主要成員國達成了七項雙邊自由貿易協定，從而使這些國家之間的經濟聯繫更加緊密，相互依存度更高。反觀中國，截至今日就只有與新加坡締結一項雙邊自由貿易協定，很明顯中國於區域自由貿易協定的立場是更傾向於多邊途徑。在眾多的亞太區域貿易協定或所謂的自貿區之中，最引人注目的就是美國版的跨太平洋戰略夥伴協定及區域夥伴協定，因為這這兩者都加強了區域貿易一體化的強度，預計建立的自貿區將是東亞區域最大的，也是跨區域的貿易集團（Trading bloc）。按照亞太區域整合的發展時序來看，短短的10年內就相繼出現三個巨型自貿區的倡議，包括TPP（2009年）、FTAAP及RCEP。目前，亞太的區域整合仍處於一種僵持狀態，中國的崛起猶如在複雜環境中豎立而起的燈塔，為區域整合體系提供一個新的方向。中國日益增強的經濟實力與雄心壯志，使其成為亞太地區自由貿易的主要推動者，也成為針對美國和日本在亞太區域整合趨勢中強大競爭對手。

在分析近代亞太新興國家的經濟發展,「雁行理論」[3] (Flying Geese Theory)是標準的經濟發展模型。在區域經濟整合的過程中,其所涉及的外來直接投資享有國民待遇,很自然地對其他區域國家之貿易與投資產生明顯之排擠效果,影響國際資源重分配,改變產業國際分工體系和國際貿易流程。多數的經濟學家都認同優惠貿易安排PTA的關鍵作用是可以增加國家的社會福祉(Social welfare),因為稅負成本的降低及市場競爭增加了而創造經濟學中所謂更大的消費者剩餘。在今天的許多產品都出現激烈的競爭,大多數的政府都會設法以低稅負來增加企業生產的利潤率,加強他們在國際市場的比較優勢。倘若豁免關稅額度不大或者貿易壁壘升高都可能會造成貿易轉移效應,因為貿易優惠協定將非成員國排除在外,被邊緣化(Marginalization)的結果加劇他們的競爭優勢再次被削弱。

在探索東亞區域主義的本質時,有必要強調區域主義的同一地區內各國之間競爭背後的邏輯,特別是與他們的領導地位和地理影響相關的競爭。此書主要以時下的三個背景論述東亞競爭性區域主義的發展,即權力移轉、貿易自由化以及國際建制的變遷。這種描述也反映出東亞地緣政治的角力以及各國在區域整合的競爭政策。

Ravenhill在1995年時描述了亞太地區一體化的競爭邏輯以及地區主義的競爭原理,包括雙邊、多邊自由貿易協定以及區域整合制度。Woolcock, Barfield等人(2007)在一場論壇上提出「競爭性區域主義」這個名詞,即競爭區域主義,各個經濟體在多邊貿易體系下,制度的本身與經濟體的特性將引發更多的經濟競爭關係與影響。MacLaren(2007)認為競爭區域主義目前

---

3    雁行理論是基於動態的比較優勢基礎,由直接投資方式在國際間出現產業轉移,其他生產要素如資金、技術與人才等亦隨之而流動。

中國自改革開放以來，經濟快速增長，2010年中國GDP總量更超越日本，中日兩國在東亞區域整合的趨勢下展開激烈的競爭。

正在亞太地區發生，因為這地區的PTA數量，特別是自由貿易協定近年來急劇增加，並沒有退減的跡象。

澳洲在1989年發起「亞太經合組織」，是一個旨在通過倡導自由開放的貿易和投資，促進和加速區域經濟一體化。緊接著，馬來西亞前總理馬哈蒂爾提出組建東亞經濟集團（East Asia Economic Group, EAEG），以此作為對1990年馬來西亞融入東盟的一種反應。EAEG邀請日本擔任領導人，考慮到大量日本外國直接投資和日本公司的突出作用作為建立EAEG網絡的中心。事實也證明了當時的APEC和EAEG所體現的亞太區域經濟的兩種概念是同屬相互競爭的。其次，2010年實施的「東盟加一」自由貿易區為一個以中國為中心的雙邊自由貿易區開闢新的競爭戰場。日本、南韓、澳洲、紐西蘭、印度、歐盟相繼與東盟簽訂更多的雙邊與多邊自由貿易協定。與此趨勢一致，東亞國家與其貿易夥伴也展開了雙邊FTA談判，以在區域貿易中建立雙邊自由貿易協定網絡。

日裔學者Mireya Solís就指出日本的自由貿易協定政策回應了中國在該地區的地位，尤其是在區域整合的趨勢下與中國一分高下。日本政府也面臨着一個困境，即是否滿足商業部門與中國談判雙邊自由貿易協定的要求，以獲得最大的經濟回報。因為激烈的經濟區域整合，使得日本更在意東亞國家的發展以及發掘潛在的競爭對手。大國競爭政策帶來了更多的複雜性和更多的經濟利益。與此同時，東盟的中等收入成員國必須改革經濟以應對國際競爭，特別是面對中國，而低收入成員必須推行體制和治理改革，以使其受益於貿易和對外直接投資的開放。

隨着中國崛起，東亞國家將受益於權力之間的競爭，因為這些國家會在大國之間的競爭政策享受到更多的公共財。大國之所以競爭，不僅是維護自身的利益，而更關注的就是在國際建制的影響，尤其是制度規範的制定利益，是直接影響大國的主導權。也有學者直接點出制度變遷的發生原因，就是新政策範式成為主導權的（競爭），以及尋求相對優勢的競爭激勵政府採取可以產生經濟效益的政策，政治或指定制定規則的好處。各國政府是區域化的驅動者，而區域建制是為成員國提供討價還價平台。

# 3

東亞區域經濟整合

區域經濟整合，是一種可以幫助國家追求經濟利益的橋樑，接通區域周邊的經濟聯繫（Economic connection）及生產活動。東亞區域在長期的政經整合進程下，一方面強化彼此關係，建構區域內部的生產、貿易與人才流動網路；另一方面則在政府的認知與投入下，建構獨特的區域合作架構。

在1998亞洲金融風暴，東亞多國經濟受到多重打擊，甚至引發當時多國執政黨的政治危機。當時的泰銖、韓國元、馬來西亞令吉、印尼盾、菲律賓比索及新加坡元的幣值都受到20%至40%的不同貶值程度的衝擊。這些多以出口導向的國家出口嚴重停滯，金融體系崩盤與失業問題一併爆發，區域經濟進入嚴重的衰退期。在另一邊廂的美國及歐洲，也在算計要用如何苛刻的交易條件與利息為這些受到影響的國家紓困。幸運的是，當時的中國的經濟實力尚能抵禦國際金融炒家的幾波金融攻勢，加上北京政府雪中送炭地撐起「人民幣不貶值政策」，為當時東亞國家的出口降壓，得以在日後慢慢復甦經濟。到了2008年的全球金融風暴，美國信貸危機及歐洲債券危機，導致全球主要消費市場大受打擊，需求萎縮導致東亞傳統的經濟出口市場出現嚴重的缺口；崛起的中國隨着經濟發展的需求擴張，很大程度上填補了東亞國家對歐美市場出口依賴的缺口，全球的貿易與資金倒流向東亞經濟。

東亞貿易自由化反映了一種「選擇性開放區域主義」。除了創造經濟潛力以提高市場競爭力並通過削減成本和提高質量來提高效率外，增加的國際貿易滲透了各國之間的經濟相互依存關係。筆者引入競爭的概念詮釋東亞區域主義的是競爭式區域主義。由於缺乏有效的制度，經濟一體化的核心已從全球層級（Global level）轉化到區域層級（Regional level）。一些經濟體建立區域貿易協定或貿易集團並開放競爭對手的市場來實現經濟增長，例如美國和日本的做法是將TPP和雙邊FTA與東亞經濟

體的關係推向了東亞貿易的另一個亮點。究竟美國想與東亞國家推動更多的雙邊自由貿易協定，還是中國想推動與東亞區域國家共建的多變自由貿易區，中美兩國要以那種方式來營造東亞的區域經濟整合並不是一件難事，因為中美兩國在全球與區域都佔有關鍵的貿易份額，尤其是中國對東亞國家的貿易深度與地緣經濟因素，彼此間的貿易互賴是有利區域經濟整合的條件。美國和中國二者都有能力影響東亞自由貿易區以及區域主義的潮流，而重點就在於這些大國要塑造出怎樣的一個東亞區域經濟整合。對於那些不參與貿易集團的經濟體會因此被排斥在區域整合之外甚至是被邊緣化。這樣的結果是與貿易集團的共同利益有關，極大可能產生一種此消彼長的零和博弈。

## 區域整合：經濟互賴與競爭共存？

　　東亞區域性經濟互賴的架構是源自日本在1980年代所開啟。尤其是「廣場協定」後，日本產業亦受到生產成本高漲之威脅，並著手將勞力密集產業移往東盟五國（泰國、印尼、馬來西亞、菲律賓及新加坡），期降低產品生產成本，確保國際市場競爭力。一方面，日本企業之母公司與其海外子公司建立起生產垂直分工，即海外子公司廣泛地使用母公司生產的關鍵零組件；另一方面，日本企業之海外子公司建立起生產水平分工：即海外子公司相互支援，達到產業間合作之目的。當時，日本恃其資金與技術優勢支配著東亞經濟發展過程，建構以區域內國家間的產業分工、貿易往來與投資關係區域經濟互賴體系。

　　直到2010年，「中國崛起」改變了包括東亞在內的亞太區域經濟結構。2001年的加入世界貿易組織，大幅度擴展中國對

表3.1 2016–2017年亞太區域經濟貿易互賴程度

| 2016年 | | | | 2017年 | | | |
|---|---|---|---|---|---|---|---|
| | 中國 | 日本 | 美國 | | 中國 | 日本 | 美國 |
| 中國 | – | | 4.67% | 中國 | – | 2.50% | 4.81% |
| 香港 | 156.36% | 15.74% | 15.14% | 香港 | 164.11% | 17.19% | 15.31% |
| 越南 | 35.07% | 14.50% | 22.99% | 越南 | 39.17% | 12.13% | 22.29% |
| 新加坡 | 25.93% | 10.87% | 16.68% | 新加坡 | 29.27% | 11.12% | 17.43% |
| 柬埔寨 | 25.78% | 6.77% | 11.59% | 柬埔寨 | 28.13% | 6.34% | 11.27% |
| 馬來西亞 | 19.57% | 9.77% | 11.04% | 馬來西亞 | 21.36% | 10.17% | 11.64% |
| 緬甸 | 16.08% | 3.03% | – | 緬甸 | 17.68% | 1.59% | 0.71% |
| 泰國 | 15.97% | 12.42% | 8.84% | 泰國 | 16.30% | 12.13% | 9.15% |
| 南韓 | 14.94% | 5.08% | 7.78% | 南韓 | 16.04% | 3.00% | – |
| 老撾 | 14.80% | 1.47% | 0.54% | 老撾 | 15.56% | 5.28% | 7.74% |
| 澳洲 | 8.72% | 3.26% | 2.93% | 澳洲 | 9.68% | 3.81% | 2.52% |
| 新西蘭 | 7.32% | 2.50% | 4.06% | 新西蘭 | 7.88% | 2.63% | 3.98% |
| 菲律賓 | 7.25% | 7.17% | 5.36% | 菲律賓 | 7.60% | 6.63% | 5.30% |
| 日本 | 5.49% | | 4.05% | 日本 | 6.11% | | 4.30% |
| 印尼 | 5.11% | 3.12% | 2.52% | 印尼 | 5.67% | 3.15% | 2.56% |
| 美國 | 4.67% | 4.05% | | 美國 | 4.87% | 14.29% | 2.27% |
| 汶萊 | 3.05% | 3.03% | 2.71% | 汶萊 | 4.81% | 4.30% | – |

資料來源：世界銀行資料庫（2019），世界貿易組織資料庫（2019）

全球的國際貿易，中國GDP連續多年以「至少8%」迅速增長；2007年，「走出去」戰略讓中國政府與企業開始大規模向外投資，以中國長年累積的外匯積極向外進行FDI佈局。中國的國際貿易與對外資金投資無疑已經與區域各國緊密聯繫在一起，接着在區域的經濟風暴中發揮與應用區域整合之趨勢，進一步強化「中國」與區域各國間之技術交流與經貿的互賴關係。與此同時，中國與區域內國際貿易的互賴關係已經超越日本早前在區域經濟領導地位。就此，中國與區域各國的互賴關係，同

時也受到兩種互賴關係的特性挑戰，即敏感性[1]（Sensitivity）與易創性[2]（Vulnerability）。表3.1有關2016–2017年的亞太區域經濟「貿易互賴程度」[3]，説明了各國近年在區域整合趨勢下的現象。

除了香港之外，越南、新加坡、柬埔寨、馬來西亞、緬甸、泰國、南韓及老撾依次受到「中國」國際貿易的影響最深，亦證明「中國」在這些國家的經濟地位是多麼重要，或足以影響各國的經濟安全。其次，若中國面臨嚴峻的經濟放緩，這些高互賴程度的國家同樣受到「連坐」，畢竟「中國」已經跟這些國家綁在一起。再者，東亞區域內的爭議事件，例如中國與區域國家的經貿互動亦受到「南海主權爭端」直接影響，尤其是在衝突與爭議事件上，貿易互賴程度經常會被當作「談判或交換的條件」或相關的外交政策與立場。關於經濟互賴如何進一步被應用在國家間的政治互動，則在後部分章節逐一解釋。

面對「中國崛起」，日本在區域經濟主導地位受到威脅，與區域各國加大整合力度與深度或是日本與中國爭鋒的途徑之一；同時間，東亞區域內的國家亦不是省油的燈，東亞各國也積極為各自在出口、資金、中小企業為主的經濟機構以及產業升級謀取最有利的合作。例如，東盟五國之間在區域整合趨勢下都有不同檔次的競爭。

---

1. 「敏感性」是指甲國單方面的決策造成乙國產生立即的成本。

2. 「易創性」則是基於互賴關係，一個國家是否可以形成一個可接受的政策回應，則取決於對外生衝擊（external shock）的易受破壞性。一般都以經濟或貿易政策作為國際間的對策。

3. 即總貿易（進口加出口）處以該國國民生產毛額（GDP）之比，可以簡單地看出貿易對國與國之間的貿易互賴程度，或言之，無論雙邊或多邊在區域整合帶來更多整合，或貿易對策受到互賴關係中的易創性影響。

表3.2 東亞經濟體貿易開放度

| 經濟體 | 2005 | 2010 | 2017 |
|---|---|---|---|
| **東亞**[a] | **30.6** | **30.5** | **n.a** |
| 日本 | 13.1 | 14.1 | 34.61 |
| **東亞新興經濟體**[b] | **48.0** | **40.0** | **n.a** |
| 東盟 | 53.8 | 42.4 | n.a |
| 汶萊 | 59.1 | 66.7 | 85.18 |
| 柬埔寨 | 47.9 | 47.9 | 124.79 |
| 印尼 | 30.0 | 22.3 | 39.36 |
| 老撾 | 25.5 | 34.0 | 75.83 |
| 馬來西亞 | 102.1 | 83.6 | 135.84 |
| 緬甸 | 30.9 | 14.3 | 47.95 |
| 菲律賓 | 40.0 | 25.9 | 71.90 |
| 泰國 | 62.5 | 61.3 | 122.52 |
| 越南 | 61.3 | 67.4 | 200.38 |
| **新工業經濟體 (NIE)** | **66.3** | **78.8** | **n.a** |
| 香港 | 162.9 | 173.9 | 376.43 |
| 韓國 | 33.8 | 46.4 | 80.78 |
| 新加坡 | 183.1 | 158.8 | 317.83 |
| 台灣 | 54.4 | 63.9 | n.a |
| 中國 | 33.8 | 26.9 | 38.15 |

備註：a 包括東亞新興市場加日本。
　　　b 包括東盟、新進工業化經濟體及中國。

# 東亞區域經濟整合：貿易流、資金流、生產流

　　東亞區域內部在出口與經濟特徵的共通性下，自然衍生日益明顯的內生競爭，包括貿易流、資金流以及生產流。以市場為導向的整合確定了在競爭中可以保持其市場份額的競爭者或產品。首先，貿易流量與區域動態之間的關係是國際經濟學的核心問題。東亞的貿易增長和競爭可以分為兩個相互聯繫的維度，即貿易流量和競爭性出口。其次，政府通常會提供吸引外國資本的政策，鼓勵跨國公司將其生產轉移到當地。

新加坡在東亞其他經濟體中擁有最多的自由貿易協定。香港和馬來西亞分別是東亞第二和第三大開放經濟體，正在積極推動有競爭力的商品和服務出口。值得注意的是，東亞競爭經濟體的貿易開放度的相似性逐漸下降。中國和日本等經濟體仍保持貿易開放度（Trade Openness Index）[4]低於30.5的平均水平。但是，中國和日本通過自由貿易協定在區域貿易中相互競爭。新加坡是東亞最開放的經濟體，2010年的比率為158.8，解釋了為什麼新加坡政府追求基於比較優勢的自由貿易協定（見表3.2），貿易開放度越高意謂經濟開放度越高，對於生產製造與服務業營造更積極的經商環境。

　　東亞地區的貿易流量增加並加深了該地區與中國的經濟聯繫。相比之下，美國和歐盟的需求下降促進了東亞內部的貿易。這個降幅使得東亞出口轉向區域內部的貿易流動。中國在進出口方面經歷了三倍的增長，並在過去十年中不斷出現貿易赤字。東盟國家的貿易順差增加了兩倍，這種順差依賴於中國的進口，尤其是原物料的進出口。進一步說明關稅降低與自由貿易協定不斷深化中國與其鄰國的互賴關係。與此同時，許多東亞國家也是在利益矛盾的基礎上深化互賴關係，他們擔心在中國競爭力日益增強的情況下如何在國際市場上有效與中國進行經濟競爭。鑑於這個問題嚴重影響東亞國家未來的發展，未能在市場上有效競爭可能會使這些國家在區域競爭中處於弱勢位置，導致其經濟下滑（見表3.3）。

　　迄今為止，中國是一個巨大的競爭對手，也是區域經濟一體化競爭的重要因素。中國的龐大人口市場和相對較低的工資率以及工業4.0持續深化的產業優勢，已經給這個國家帶來了顯著的競爭優勢。但是，包括新加坡，香港，韓國和台灣在內的先進經濟體擔心，隨着中國升級其出口結構，它們將失去競爭

---

4. 國際貿易總額(出口加進口)佔該經濟體國民生產總值之百分比。

表3.3 2009–2017年東亞區域──貿易總額（出口與進口）

百萬美元

| 區域經濟體 | 貿易夥伴 | 2009 | 2011 | 2013 | 2015 | 2017 |
|---|---|---|---|---|---|---|
| 東盟 | ASEAN-10 | 375,243.96 | 576,034.55 | 608,806.25 | 530,650.49 | 574,556.92 |
| | ASEAN-4 | 199,333.36 | 316,540.48 | 336,891.35 | 294,299.57 | 327,241.12 |
| | 中國 | 179,509.71 | 297,473.40 | 352,508.57 | 361,261.58 | 432,801.07 |
| | 日本 | 161,181.11 | 255,779.03 | 240,807.00 | 202,260.53 | 217,582.77 |
| | 南韓 | 74,845.66 | 125,358.27 | 135,542.39 | 120,855.73 | 149,780.86 |
| | ASEAN+3 | 511,841.03 | 828,660.71 | 903,698.38 | 893,292.95 | 1,006,892.13 |
| | NIE-3 | 281,618.64 | 424,291.27 | 439,536.30 | 403,797.92 | 449,111.92 |

資料來源：IMF國際貨幣基金組織貿易統計；亞洲開發銀行亞洲區域整合中心ARIC (2019)
註1：ASEAN-4，即東盟4國包括馬來西亞、泰國、印尼及菲律賓。
註2：ASEAN+3，即東盟10國加中國、日本及南韓。
註3：NIE-3，即新興工業經濟體3個，包括新加玻、香港及南韓。

力。服務業對經濟發展的潛在貢獻因技術變化和貿易和投資自由化而進一步提高，所有這些都顯著擴大了國際服務貿易的範圍，極大地支持了各國參與全球價值鏈的創造與增值的能力。東亞的新興工業經濟體（New Industrial Economies, NIE）也開始出口高價值的上游產品（如IT和生物技術產品），將其下游推向其品牌的營銷產品，並將其整合到其他全球價值鏈中。

韓國、台灣和香港在過去通過提升區域供應鏈優勢並從中國低端製造業實力中受益，成功複製了日本在區域一體化方面的經驗。東北亞的發達經濟體越來越傾向從中國的工業化進程中獲取更多利益，尤其是他們已經成功拓展其在電子消費產品和高科技產品的高端市場地位。中國在2001年加入世貿組織後，不僅已在全球貿易體系[5]具有重要席位，同時也不斷強化其在市場條件及貿易競爭策略。

---

5. 全球貿易體係可以分為六類，即最終需求商品，最終需求貿易服務，最終需求運輸和倉儲服務，不包括貿易，運輸和倉儲的最終需求服務，最終需求建設以及總體最終需求。

此外，考慮到中國作為裝配基地和需求來源的雙重角色，作為一個強大的競爭對手，中國不僅要處理國內的經濟問題，還要面對來自地區的競爭壓力，尤其是EA-8[6]問題。新加坡金融管理局報告指稱，自2002年以來，中國已成為EA-8經濟體在消費品和中低端產品和中間產品出口方面的重要競爭對手。從另一個貿易需求面分析，「最終需求」——中間需求衡量出售用於個人消費、資本投資、政府採購和出口的商品的價格變化。亞洲有將近一半的貿易是在該區域內進行，而亞洲國家消費的是其生產的「最終產品」的三分之一左右。美國和歐盟市場分別在亞洲出口中擁有23.9%和22.5%的進口份額。亞洲的出口市場很大程度（佔全球出口的54%）上依然依賴於區域內的貿易，而這種貿易依賴度依然持續在增加。

緊接着，東亞國家的出口產業出現同質性問題。貿易相關指數[7]（Trade correlation index, TCI）是所有產品貿易專業化價值之間的簡單相關係數。中國只與柬埔寨及日本是存在互補關係，其餘他國皆為競爭關係，即筆者所謂東亞國家內部自身高同質性出口特徵形成的經濟競爭壓力。至於日本，除了與韓國及台灣外是存在出口競爭關係外，與其他東亞國家皆維持相當高的互補關係（見表3.4）。

第二，資本流是區域經濟一體化的重要經濟流量指標。外國直接投資是使各國能夠加強其生產鏈及帶動周邊產業發展。外來直接投資通過採用服務和鼓勵目的地經濟中的各種消費，例如土地和財產，金融服務，物流服務和基礎設施行業，創造更多就業機會。根據Stiglitz（2002）的觀點，寬鬆的資本管制，先進的信息技術和交通基礎設施的改進表明商品，服務和資本

---

6. EA 8 包括印尼、馬來西亞、菲律賓、新加坡、泰國、韓國、香港及台灣。

7. TCI值大於0意味着兩個國家的出口結構具有競爭力，而小於0的值意味着它們是互補的。

表3.4 2012年貿易相關指數 (TCI)

| 國家/地區 | 柬埔寨 | 中國 | 台灣 | 印尼 | 日本 | 韓國 | 馬來西亞 | 菲律賓 | 泰國 | 越南 |
|---|---|---|---|---|---|---|---|---|---|---|
| 柬埔寨 | – | -0.006 | -0.158 | 0.218 | -0.280 | -0.252 | -0.009 | 0.224 | 0.195 | 0.347 |
| 中國 | -0.006 | – | 0.267 | 0.090 | -0.089 | 0.193 | 0.145 | 0.081 | 0.270 | 0.362 |
| 台灣 | -0.158 | 0.267 | – | -0.050 | 0.302 | 0.546 | 0.010 | 0.043 | 0.129 | 0.006 |
| 印尼 | 0.218 | 0.090 | -0.050 | – | -0.362 | -0.157 | 0.393 | 0.328 | 0.226 | 0.470 |
| 日本 | -0.280 | -0.089 | 0.302 | -0.362 | – | 0.466 | -0.254 | -0.085 | -0.202 | -0.396 |
| 韓國 | -0.252 | 0.193 | 0.546 | -0.157 | 0.466 | – | 0.010 | -0.075 | 0.162 | -0.209 |
| 馬來西亞 | -0.009 | 0.145 | 0.010 | 0.393 | -0.254 | 0.010 | | 0.124 | 0.263 | 0.147 |
| 菲律賓 | 0.224 | 0.081 | 0.043 | 0.328 | -0.085 | -0.075 | 0.124 | – | 0.121 | 0.331 |
| 泰國 | 0.195 | 0.270 | 0.129 | 0.226 | -0.202 | 0.162 | 0.263 | 0.212 | – | 0.332 |
| 越南 | 0.347 | 0.362 | 0.006 | 0.470 | -0.396 | -0.209 | 0.147 | 0.331 | 0.332 | – |

資料來源：聯合國貿易與發展會議 www.unctad.org (2013)

流動顯著增加。接着我們得考慮的就是外來直接投資量是「有限」的，而各國對於外來直接投資的需求是「無限」的，因此各國必須通過政策與彼此國家競爭，而這種競爭恰恰又對區域經濟整合的進程帶來消極的影響。據聯合國貿發會議的報告（2013年）指出，全球外國直接投資從2012年的1.3兆美元增加到2013年的1.5兆美元，其中約30%投向亞洲。與此同時，亞行的報告也指出亞洲四分之三的外國直接投資流入東亞（2,211億美元或49.2%）和東盟（1,254億美元或27.9%）。

第三個是生產流，即是區域生產中心的所在位置。中國是該東南亞地區的主要（原材料來源）和最終供應鏈（消費市場）。儘管近年來中國製造商在密集勞動行業的成本不斷上漲，但中國商品在不同的價格和市場條件下仍保持着競爭力。雖然工資的增加，中國製造商的生產力隨着機械化的提升，大幅降低單

中國的製造業發展迅速且龐大,有「世界工廠」之稱,製造的商品對東亞經濟體造成了高度的競爭壓力。

位生產成本,這不僅抵銷了勞力成本,還創造更多的規模經濟及產能過剩。因此,中國製造的商品對東亞經濟體造成了高度的競爭壓力。

## 經濟整合的五股驅動力

國家整合必是建立各自的算計之中,加上東亞國家存在高的同質性,「整合有利則近之,整合不利則遠之」。筆者將東亞國家在經濟整合的目標與實證經驗作出一個歸納的競爭互動模型——東亞國家區域經濟一體化的競爭模型(圖3.1)。這個互動模型是環環相扣,彼此影響東亞經濟體的內部整合成效,其中包括五個要素——關稅的降免、外來直接投資、匯率政策、經濟(特區)開發以及國家整體競爭力。

**圖3.1 東亞國家區域經濟一體化的競爭模型**

## 驅力一：東亞區域內的關稅降免

在區域經濟整合的推動進程中，東亞國家遵守貿易自由化，即關稅的逐步降免以及排除非關稅壁壘（Non-tariff Barrier，NTB）是區域各國融入一體化的主要議程。然而，我們必須先理解關稅的三個功能，即提供國家稅收（收入函數），保護國內產業以及調節被扭曲的貿易政策。所謂的降低或取消關稅，將促使更多商品雙向流入本地市場或流出（出口）至其他市場。其次，作為國際貿易的延伸，逐步取消關稅是FTA交易中的一項常見規定。日本政府為了加速與東盟的貿易自由化，廢除大多數進口關稅，並提高該地區日本產品的競爭力。取消關稅將降低銷售價格，為國內消費者創造更多的消費者剩餘，加速跨境貿易增長，並降低國內消費者的交易價格。

關稅的另一個爭議的職能與貿易自由化是矛盾的。尤其是關稅經常被當作保護國內產業的政策工具，國家透過以關稅來改變貨物競爭的條件，使競爭性進口品處於劣勢，甚至在國際貿易出現爭端時採取報復性的關稅。這些個案經常在世界貿

易組織裏發生，更多的發達國家控訴發展中國家長期不履行降低關稅的協定義務。例如日本經常抱怨東南亞國家沒有降低汽車進口關稅，導致日產汽車在東南亞市場面臨不對稱的價格競爭。在區域內和區域外的經濟條件上，沒有逐步降低關稅已被視為保護主義的措施。

在東亞，無論貿易夥伴是否降低關稅，各國政府都利用有效保護稅率[8]（Effective Rate of Protection, ERP）去維持國內市場的價格競爭（圖3.2）。在2014年，世界貿易組織的經濟學家分別以全球名義關稅（Nominal Tariff, NP）及有效關稅稅率（ERP）描述全球商品貿易（Commodities）的關稅降低進展。當ERP離中心點或超出NP點，即反映不少國家在某些商品類別上的關稅障礙並未朝向世貿組織的零關稅目標改善；相反地，世貿組織中佔絕多數的發展中國家依然以高的ERP去保護該國的產品。圖3.2也揭露「食品、飲料與菸草類」（003）、「自動車輛」（018）及「石化產品與燃料」（007）是各國主要採取較高的ERP的市場，採取相當積極關稅障礙來保護該國的產業利益。

東亞的工業化在近二十年來取得很大的進展，有賴於貿易自由化的成果。中國在2001年加入世貿組織後，尤其是在「機具與設」（013）、「金屬原料」（011）、「金屬產品」（012）及「廣播、電視與通訊」（016）等相繼成了東亞地區主要的增長產業，各國逐步降低有效保護稅率加速新興國家的工業化進度。世貿組織的報告顯示區域生產鏈、供應鏈的中間生產品與流程大多在中國完成。不單是中間產品組裝機械產品，中國在2010年後已成為世界上最大的「最終裝配樞紐」（即商品生產的最終端）。

---

8. ERP是衡量的是整個關稅結構對每個產業的單位產出附加值的總體影響，即中間產品和最終產品都是進口的。

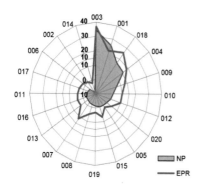

圖3.2 2008年全球平均名義稅率與有效保護稅率

001 – 漁農業　　　　　　　　011 – 金屬原料
002 – 採礦及採石業　　　　　012 – 金屬產品
003 – 食品、飲料與菸草類　　013 – 機具與設備
004 – 紡織與鞋類　　　　　　014 – 辦公會計與電子計算
005 – 木製品　　　　　　　　015 – 電動機械
006 – 紙製品與出版　　　　　016 – 廣播、電視與通訊
007 – 石化產品與燃料　　　　017 – 醫用光學儀器
008 – 化學製品　　　　　　　018 – 電動車
009 – 橡膠與塑料產品　　　　019 – 其他運輸設備
010 – 非金屬產品　　　　　　020 – 其他製造業

資料來源：Diakantoni and Escaith, WTO (2014)

另外，東亞國家在「石化產品與燃料」（007）都採取較高保護性的稅率，其原因主要是東亞國家有不少是石油出口國，例如馬來西亞、印尼及汶萊。馬、印兩國政府近年來因應國內財政赤字而逐漸減少國內的石油補貼，導致通貨膨脹率攀升迅速，對執政黨與選舉形成非常大政治與經濟壓力。按聯合國貿易與發展會議（UNCTAD）2018年最新的數據顯示，2017年全球的平均名義關稅有所改善，逐步降低，當中依然以東亞在農產品名義稅率最高，就達22%，畢竟除了新加坡及汶萊外，大部分的東南亞國家的農業佔其經濟結構的四分之一或以上，有需要採取保護稅率保護他們的農民生計。而東亞地區在製造業的平均名義稅率則稍有進步，由2008年的4%至3.5%的水平。

總而言之，過去幾十年取消關稅措施使得非關稅措施成為區域貿易與經濟整合的障礙。然而，保護主義的興起可以扭轉近幾十年來支撐東亞經濟增長的區域整合。因此，我們可以預期有些國家會利用貿易的關稅及非關稅壁壘作為籌碼，在區域貿易出口競賽中與地緣政治博弈中提供更多的「糖果」。這個

假設也反映出為什麼東亞地區難以實現自由貿易，以及為什麼該地區的區域化進程缺乏足夠的支持。

## 驅力二：磁吸競賽——外來直接投資

外來直接投資（Foreign Direct Investment, FDI）為區域經濟整合帶來更多的發展機會，各國因此競相祭出優惠措施以吸引外資。值得大家回頭思考的是，若中國沒有1979年的改革開放引進來的外來直接投資，很難想像會有今日的「中國崛起」。

全球的資金顯然是「供給有限」，FDI 的流向也因此就成了焦點。在全球外來直接投資的供給方，美國、歐盟、日本及後來的中國是全球主要的外來直接投資國淨流出國。在上世紀80年代，東南亞的外來直接投資主要還是來自於日本、美國及歐洲國家。其中，日本自「廣場協議」後，日圓升值刺激了日本和台灣企業以及最終產品生產商將生產能力，特別是電子產品大量遷移到東南亞及中國。這個驅動力為東亞提供充足的資金投入及技術支持，使得東亞成為世界的生產中心。東亞各國政府祭出優惠政策與措施，例如開放資本投資的限制，市場准入的限制等，目的就是透過競爭政策來吸引外國直接投資，從而提供更多就業機會和改善商業環境，並且能夠加強其「出口競爭力」。在產業政策與工業化進程上，更多的激勵措施吸引不同製造商的FDI與技術，而集中在單一行業將有機會形成聚集經濟（Agglomeration economy）。

在這裏，我們必須認知到各國將以競爭性的優惠政策吸引更多的外來直接投資，這對於區域經濟整合必然造成一定的衝擊與此消彼長的影響。「磁吸效應」將串流全球的資金吸到了中國，並以中國作為全球的生產工廠。乍看之下，其實東南亞國家所得的外來直接投資也就只有「所剩無幾」的份額。其次，市面上也有經濟研究機構發佈關於外來直接投資的指標，

表3.5 2017年全球外來投資國吸引力指數 (GFICA)

| 排名 | 國家/地區 | 指數值 | 區域 |
|:---:|:---:|:---:|:---:|
| 1 | 美國 | 73.5 | 北美 |
| 2 | 香港 | 70.5 | 東亞 |
| 3 | 英國 | 70.3 | 歐洲 |
| 4 | 瑞士 | 69.0 | 歐洲 |
| 5 | 德國 | 69.0 | 歐洲 |
| 6 | 荷蘭 | 68.0 | 歐洲 |
| 7 | 新加坡 | 66.9 | 東亞 |
| 8 | 丹麥 | 66.8 | 歐洲 |
| 9 | 瑞典 | 66.7 | 歐洲 |
| 10 | 韓國 | 65.0 | 東亞 |

資料來源：全球外來直接投資吸引力指數網站 (www.fdiattractiveness.com)

作為政府與民間評估與趨勢分析的參考依據，亦有利於讓我們辨識到東亞經濟整合的趨勢與問題，例如全球外來投資國吸引力指數[9]（Global Foreign Investment Country Attractiveness, GFICA），指出香港、新加坡與韓國是東亞經濟體中最吸引外資的目的地 (表3.5)。

在東亞，大多數區域國家的外國直接投資是「淨流入」。歐盟與美國是東亞國家以外最大的外來直接投資國；日本與中國是東盟最大的外來直接投資輸出國。日本與美國是東盟長期的外來直接投資國，其中以日本投資資金最多。中國則是在2007年「走出去」戰略下，加上對東盟國家原物料需求的增加，開始加碼投資東盟。

在東盟國家中，新加坡常居外來直接投資淨流入國榜首。作為來自地區外投資的廣泛受歡迎的目的地，新加坡佔東盟整

---

9. 是作為考慮影響外國直接投資決策的最重要，可衡量和可比較的方面的綜合指數，充分描述東道國對外國直接投資吸引力。

表3.6 2013–2018年東盟十國外來直接投資流入

| 東道國 | 2013年 | 2014年 | 2015年 | 2016年 | 2017年 | 2018年 |
|---|---|---|---|---|---|---|
| 汶萊 | 725.47 | 568.18 | 171.32 | -150.44 | 460.15 | 503.89 |
| 柬埔寨 | 1,274.90 | 1,726.53 | 1,700.97 | 2,279.67 | 2,732.15 | 3,102.57 |
| 印尼 | 18,443.84 | 21,810.42 | 16,642.15 | 3,920.65 | 20,579.22 | 21,979.92 |
| 老撾 | 426.67 | 913.24 | 1,079.15 | 1,075.69 | 1,695.38 | 1,319.65 |
| 馬來西亞 | 12,107.09 | 10,875.31 | 10,179.99 | 11,290.27 | 9,295.79 | 8,071.56 |
| 緬甸 | 2,620.90 | 946.22 | 2,824.48 | 2,989.48 | 4,002.43 | 3,554.05 |
| 菲律賓 | 3,859.79 | 5,814.57 | 5,639.16 | 8,279.55 | 10,256.44 | 9,802.39 |
| 新加坡 | 56,670.90 | 73,284.50 | 59,702.30 | 73,864.40 | 75,734.50 | 77,630.50 |
| 泰國 | 15,935.96 | 4,975.46 | 8,927.58 | 2,810.18 | 8,045.51 | 13,248.45 |
| 越南 | 8,900.00 | 9,200.08 | 11,800.00 | 12,600.00 | 14,099.98 | 15,500.00 |
| 東盟十國 | 120,965.52 | 130,114.52 | 118,667.09 | 118,959.46 | 146,901.55 | 154,712.98 |

資料來源：東盟秘書處 (2019)

體流入量近一半的FDI。新加坡今日的經濟表現，自然會刺激馬來西亞、泰國等國提出更具競爭性的投資優惠政策來吸引來自全球各地的資金。新加坡無論在經商環境或基礎建設都遠遠超前於東盟國家，加上優越的地緣條件及開放的自由經濟制度，更彰顯出新加坡贏得更多外來直接投資以及地區國家投資者的青睞。新加坡的角色與功能亦不斷成長與強化，例如新加坡在80年代末期啟動出一個新加坡—印尼—馬來西亞的「增長三角」（Growth Delta），並以新加坡的資金及技術作為主軸，協調馬來西亞及印尼充沛的原料及勞動力，是該地區一個典型的跨境製造中心。接着，印尼、越南及菲律賓是繼新馬泰三國後區域內投資的外國直接投資目的地之一。此外，新加坡是東盟國家中，投資此地區最多的國家，尤其是仰賴自由貿易協定拓展的服務投資份額最大。對於基礎建設相對薄弱的低收入國家而言，在吸引外來直接投資的都處於弱勢，例如柬埔寨、緬甸及老撾等國尚缺完善的基礎建設去支持其工業製造發展條件（見表3.6）。

表3.7 2016–2017年東盟十大主要外來直接投資國

| 2016年 | | | 2017年 | | |
|---|---|---|---|---|---|
| 國家/地區 | 金額(十億美元) | 份額(百分比) | 國家/地區 | 金額(十億美元) | 份額(百分比) |
| 東盟 | 25.80 | 21.00 | 東盟 | 26.60 | 19.40 |
| 美國 | 18.80 | 15.30 | 美國 | 13.20 | 9.60 |
| 日本 | 14.10 | 11.50 | 日本 | 11.30 | 8.20 |
| 中國 | 11.30 | 9.20 | 中國 | 10.70 | 7.80 |
| 盧森堡 | 9.60 | 7.80 | 盧森堡 | 7.80 | 5.70 |
| 愛爾蘭 | 9.00 | 7.30 | 愛爾蘭 | 5.80 | 4.20 |
| 英國 | 8.70 | 7.10 | 英國 | 5.40 | 3.90 |
| 香港 | 8.60 | 7.00 | 香港 | 5.30 | 3.90 |
| 南韓 | 6.50 | 5.30 | 南韓 | 4.00 | 2.90 |
| 荷蘭 | 4.80 | 3.90 | 荷蘭 | 2.70 | 2.00 |
| 前十總額 | 117.30 | 95.50 | 前十總額 | 92.80 | 67.80 |
| 其他 | 5.50 | 4.50 | 其他 | 44.20 | 32.20 |
| | 122.80 | 100.00 | | 137.00 | 100.00 |

資料來源: 東盟秘書處，東盟FDI資料庫 (2018)

## 中日兩國在對外直接投資中的競爭

隨着中國經濟崛起，就憑着累積的巨大外匯儲備，積極走進東南亞投資。日本長期在東南亞既有的利益，同樣受到中國不斷向此區域國家增加投資的影響，形成一場相持不下的投資加碼的拉鋸戰。日本和中國自2007年以來已將其資本和生產基地轉移至東南亞地區。2007年，中國終於將自己長年累積的資本在「走出去」戰略下起步走向周邊國家投資。儘管中國在東南亞的投資規模與日本對比較小，但該地區投資流量和比例的增長速度已經達到了顯著水平。近幾年中國投資東南亞的規模明顯提升很多，表3.7顯示中國對外直接投資逐年增加，中國2017年在東盟國家的直接投資額為100.7億美元，位列東盟國家主要外來直接投資來源國第三，佔東盟總份額的7.8%。

2010年啟動的中國—東盟自貿區，加強了中國在東南亞地區的影響力，直接威脅到日本在這地區的經濟利益。相對的，日本增加對東盟國家的外國直接投資是由於「中日關係」惡化和2011年「三一一東北大地震」造成的。日本跨國公司為因應在中國國內日益增長的民族主義及抗日情緒，他們將其生產中心逐步遷往東南亞地區，同時也加碼投資在泰國、越南與緬甸等國。而受到「三一一東北大地震」的原因更明顯，迫使許多日本國內的製造商把生產中心從日本和中國轉移到泰國和馬來西亞。因此，許多日本企業在東南亞開展了併購活動。相比之下，在美國總統奧巴馬任內，來自美國的外國直接投資分別從49億美元急劇增加到130億美元。有人把這種增長解釋為呼籲在反對中國崛起的國家之間形成聯盟（在經濟和安全方面）。這個遊戲不僅解釋了這些國家對外直接投資的增加，而且反映了東亞地緣政治競爭的持續性發展形勢。

## 驅力三：匯率政策——區域貨幣戰爭

　　匯率政策是政府主導對外貿易的重要政策工具；匯率穩定的國家相對經濟較有競爭力。在全球努力推動經濟復蘇過程中，仰賴出口經濟的東亞國家必然得先擴大出口以提振國內經濟，制定一個有利出口的競爭政策，往往都從匯率政策開始——貨幣貶值。增強出口競爭優勢的一個便捷方式（且不論長效還是短效，副作用或「溢出效應」如何），就是讓本國貨幣貶值，出口產品在國際市場上更便宜。貨幣貶值是改善出口的最常見政策，從而推動製造商轉移生產基地並通過提高國內外匯率來降低製造成本。競爭性貶值可能導致個別國家和整個地區的高度不穩定，並引發東亞「貿易戰」。隨着各國融入全球生產過程，貨幣貶值只能提高最終產品出口的一小部分競爭力。競爭性貶值不可避免地會在各國之間產生衝突和不同調，因為

「三一一東北大地震」迫使許多日本國內的製造商把生產中心從日本和中國轉移到泰國和馬來西亞。

貶值國家以犧牲另一個國家為代價獲得出口和就業機會，貨幣競貶是一種激烈的匯率和貿易失衡糾紛，也可以說是國際貨幣體系正在發生深刻的、根本性的變化，已經不同於上世紀90年代前的傳統貿易理論與思維。

**前車之鑑：金融風暴**

　　1997年發生的亞洲金融風暴，採取（貶值）匯率政策就是東南亞國家被迫實施的辣招。當時，東南亞多國採取貨幣競貶政策，實屬無奈中的消極手段去克服萎靡不振的經濟，拯救瀕危的出口產業。印尼、泰國、馬來西亞、菲律賓及韓國的貨幣貶值都超過30%，同時連動新加坡都被迫採取相對的貶值對策。據當時估計，東南亞金融危機導致大量資本外逃（Capital flight），單在印尼、馬來西亞、韓國、泰國和菲律賓私人資本淨流入由1996年的938億美元下跌至1998年的淨流出246億美元。

由于貨幣大幅貶值，通貨膨脹壓力加大，多種日常消費品漲價，漲幅在30%至50%不等。各國被迫競相貶值最終導致搶購美元的狂潮，大批工廠開始倒閉，公司紛紛裁員，物價大幅上漲，城市居民的生活水平急劇下降。有了前車之鑑，東南亞各國對於區域金融穩定與匯率政策都保持相當高的敏感度。在這之後，中國、日本及韓國採取合作態度，與東盟國家在泰國達成《清邁協議》（Chiang Mai Initiative, CMI），共同推進與維持區域金融穩定，建立貨幣互換機制以及儲備措施，維護區域金融穩定。

美國藉量化寬鬆政策造成全球金融市場流動性泛濫，大量熱錢湧入東南亞，東南亞國家貨幣普遍升值引起各國政府擔心。刺激東亞內部的矛盾，強化美元地位，目的不外就是為QE3的推出保駕護航。美國作為國際金融市場的傳統避險貨幣之一，日圓貶值則讓國際投資者又失去一個「避風港」，也使得更多熱錢流入經濟發展勢頭良好的東南亞地區。

中國與日本是全球外匯儲備最多的國家，同時也是美國國債最大持有國。中日兩國的匯率政策是直接影響東亞國家金融穩定的兩大支柱。若人民幣與日圓同時貶值，勢必導致東南亞國家加入競貶的行列。2012年，東亞便曾出現不一樣的「貨幣競貶」趨勢。

在東亞區域金融一體化與人民幣當前都面臨不同層次的問題。對於中國而言，應對風雲變幻的外匯市場，中國還應當保持宏觀政策的定力。一方面，低端製造業出口的持續增長已經不是中國宏觀政策的主要目標；另一方面，在經濟增長方式轉型、淘汰落後產能的週期中，應當注重尋求國內刺激的政策，通過促進國內投資、拉動國內需求，來平衡國際市場的波動。在人民幣貶值和美國可能加息的同時，東南亞的大宗商品出口價格不斷下滑，推動當地貨幣全線走低。在這種情況下，如果

東亞國家在相同的出口市場上競爭，那麼人民幣貶值將給其他可能被強行貶值的貨幣帶來競爭壓力，藉此加強其出口產品在匯差上所造就的競爭優勢。

　　作為亞洲經濟強國的日本，無論在資金、技術及經濟整合經驗都擁有相當領先的優勢。話雖如此，自經濟泡沫化後，國內萎靡不振的日本經濟就長期出現「負利」及「通貨緊縮」，日本首相遂積極推動「安倍經濟學」（Abenomics）。簡言之，即以「貨幣貶值」及「消費稅」試圖解決日本老年化的經濟結構調整、通貨問題及日本消費力不足的問題。日圓急速重貶，撼動全球金融市場資金流向，數據顯示自安倍上台以來，日圓已經貶值30%，也直接推動了日本的出口。

　　「中日關係」的發展是直接影響區域金融穩定性，當然也得考慮美國聯儲局的利率政策變化。日本有捍衛日圓在亞洲地位的立場；中國也有主導區域貨幣的抱負與自身的出口利益。中日之間的貨幣摩擦，自然無法避免，而周邊東亞國家因此也在中日兩國貨幣競貶之下遭受池魚之殃。中日之間相互抵制的結果，不但會打壓兩種貨幣的匯價，同時亦會導致資金外逃，進一步連累各國貨幣跟著貶值。東亞各國政府為了自身的經濟利益，開始採取蠢蠢欲動的匯率政策。與亞洲其他國家處於競爭關係導致的市場競爭失衡，其中以馬來西亞（令吉）、泰國（泰銖）及印尼（盾）已經趨近於「競貶狀態」，就競爭性匯率政策逐步走向「貨幣戰爭」。


## 驅力四：經濟特區的開發項目——生產集合的密集度

　　近三十年來，經濟特區的發展模型在東亞區域整合和經濟發展中發揮了作用。許多東亞國家的政策制定者希望複製深圳經濟特區的經驗，推行追趕戰略。根據亞洲開發銀行估計，一

個經濟體中的經濟特區數量與其整體出口表現、外來直接投資流入量是存在相關性的。就數據報告指出，經濟特區數量增加10%，相當於製造業出口增長1.1%。

目前僅中國就擁有世界上所有經濟特區總量的一半以上，剩餘的經濟特區主要分佈在印度、美國及菲律賓。經濟特區之間的經濟活動也相對集中，有些較大區域經濟特區吸引大量的外來直接投資，並產生大量的出口額；相對有些區域（通常是較小的區域）的經濟特區卻相對不活躍，發展前景平平一般。

目前東亞地區（東亞連同東南亞）約有3,382個經濟區，佔世界總量的62.8%（5,383個）。在東亞地區建立的經濟特區的數量太多，無論在經濟特徵和發展進程都存在很大差異。這種差異與全球供應價值鏈（Global Supply Value, GSV）的多樣化（Diversification）和整合有關（見表3.8）。

深圳在不到三十年的時間裏，就從廣東東南部的一個漁村轉變為製造業與資訊科技大城。區域整合在實證上是成功創建了一個工業網絡體系，透過群聚效應，不斷提高技術與訊息部門的競爭力，並增加供應鏈的附加值。

在東盟國家中，最早以經濟特區發展模型作為經濟整合發展的國家是新加坡（1951年），隨後是菲律賓—馬來西亞—泰國—印尼，至於CLMV國家及汶萊則是在第三波區域整合趨勢下陸續設立，力爭成為區域製造生產中心。截至2016年12月，東盟十國共有1,623個特別經濟區，當中以馬來西亞設置最多各類型大小的經濟特區，高達545個，佔了東盟國家的三分之一；依次是後起的越南，有375個經濟特區，排在第三是菲律賓（365個），其中以勞力密集製造業為主；按GSV及經濟效率計算，新

表3.8 2019年全球經濟特區數量

| 區域/國家 | 總數量 | 正在發展中數量 |
|---|---|---|
| **全球** | **5,383** | 474 |
| 已開發經濟體 | 374 | 5 |
| 歐洲 | 105 | 5 |
| 北美洲 | 262 | – |
| **開發中經濟體** | **4,772** | 451 |
| **亞洲** | **4,046** | **371** |
| 東亞 | 2,645 | 13 |
| 中國 | 2,543 | 13 |
| 東南亞 | 737 | 167 |
| 南亞 | 456 | 167 |
| 印度 | 373 | 142 |
| 西亞 | 208 | 24 |
| **非洲** | 237 | 51 |
| **拉丁美洲與加勒比海地區** | 486 | 28 |

備註：經濟特區是根據當地法律建立的基礎計算。這個數據排除在18個經濟體當中（以開放觀點）的8,368個單一企業園區。其他已開發經濟體（澳洲、以色列、日本和新西蘭）和大洋洲的經濟特區被計入各個經濟組的總量和全球總量。網上附件表中提供了這些經濟體的數據。

資料來源：聯合國貿易和發展會議（UNCTAD）(2019)

加坡的經濟特區當屬資優班，匯集了充足的資金、人才及高端技術，整合了東盟及東亞地區產品價值鏈（Value chain）的高端生產與研發（見表3.9）。

　　若經濟特區的數量不斷增加，則會反映出國家在產業政策的定位問題、整合連帶競爭效率問題，以及區域內部「此消彼長」的結果。經濟特區更重要的是建立有「質量」的經濟特區，而非着重於「數量」。各國為了自身的發展，自然也不會顧慮他國的立場與整個「區域發展的格局」，這給區域經濟整合帶

表3.9 2016年東盟十國主要特別經濟特區類型與數量

| 國家 | 汶萊 | 柬埔寨 | 印尼 | 老撾 | 馬來西亞 | 緬甸 | 菲律賓 | 新加坡 | 泰國 | 越南 |
|---|---|---|---|---|---|---|---|---|---|---|
| 首創年分 | 2007 | 2005 | 1973 | 2010 | 1971 | 1990 | 1969 | 1951 | 1972 | 1991 |
| 自由產業區 | – | – | 3 | – | 22 | – | – | 10 | – | – |
| 自由商貿區 | – | – | – | – | 18 | – | – | – | – | – |
| 出口加工區 | – | – | – | – | – | – | – | – | 10 | 3 |
| 產業園區 | >25 | <10 | 75 | – | >500 | <20 | 74 | >75 | 58 | 325 |
| 經濟園區 | – | – | – | – | – | – | 21 | – | – | – |
| 特別經濟區 | – | 16 | 11 | 12 | – | 3 | 19 | – | 10 | – |
| 邊境經濟專屬區 | – | – | – | – | – | – | – | – | – | 28 |
| 海岸經濟專屬區 | – | – | – | – | – | – | – | – | – | 16 |
| 科技園區 | – | – | – | – | – | – | 49 | – | – | 3 |
| 區域經濟走廊 | – | – | – | – | – | 5 | – | – | – | – |
| 資訊科技中心 | – | – | – | – | – | – | 200 | – | – | – |
| 其他 | – | – | 14 | – | – | – | 2 | – | – | – |
| 總數 | 25 | 26 | 89 | 12 | 545 | 23 | 365 | 85 | 78 | 375 |

資料來源：2017年ASEAN 投資報告，2016年12月。

來阻礙，重疊性生產引發效率問題。目前，實證也告訴我們，東南亞已經有不少的經濟特區缺乏完善周全的規劃以及區域市場需求（Market demand on regional level）而被淘汰。亞行在《2015年亞洲經濟一體化報告》就揭露亞洲不同經濟特區階段並存的情況，並道出經濟特區無疑對這些國家的經濟增長和工業多樣化產生了重大影響，東亞和東南亞的貿易份額將會被重新洗牌。尤其是發展中國家許多的經濟特區計劃有可能失敗，原因在於勞力密集的優勢不敵技術創新的效率，隨着企業可以輕鬆地外包就業（outsourcing）和搬遷總部，工業園區之間，經濟特區之間或科技園區之間的競爭也就越來越激烈。

### 驅力五：東亞國家競爭力：經濟開放與基礎建設競爭力

　　國家競爭力與經濟開放程度以及經濟競爭力是融合經濟一體化的基本要求條件。根據「比較優勢理論」，政府有責任為貿易創造必要的市場條件，旨在提高一國的國際貿易政策效率，這除了反映一國的進出口情況，還取決於其競爭力。Krugman（1996）認為國際上已經將國家競爭力（National competitiveness）視為大勢所趨的宏觀概念，就國內市場如何融入到一個全球市場的程度，以及外資在國內市場力量所發揮的影響力（包括議價能力）視為核心議題。像韓國與新加坡，既在缺乏自然資源以及勞動力成本高的劣勢，但他們卻透過進取的貿易政策，推進他們在東亞區域經濟一體化的角色與網絡，促進其增值商品和服務的出口到成為東亞發達經濟體。另外，從新加坡和香港的例子可以看出，國家吸引外國直接投資的能力與其國家競爭力有關。一個經濟體將其開放性轉化為機遇的能力決定了國家競爭力。這種能力包括以下主要組成部分：

- 商業環境的政策和法規——其中許多政策和規定都包含在世行集團年度經營報告中，以及穩定的宏觀經濟條件，這些條件是財政、貨幣、金融和匯率政策的功能。

- 制度——包括「善政」的各個方面，如有效的公共行政，及時的決策和公正的產權和合同執行。

- 硬體建設（即運輸、通訊、能源和物流）和軟體建設（即教育和技能）——後者被用作社會和知識資本，提高投資穩固的基礎設施和新技術。

　　在東亞，不同的行業競爭可以反映各國在各自區域內的競爭力。新加坡、日本、香港和台灣都表現出開放態度，這些經濟體對其資本和投資實行較少的官僚規範，為吸引外國直接

表3.10 2017–2018年亞太主要經濟體「競爭力排名」及「自由貿易協定」談判與簽署

| 經濟體 | 競爭力排名 | | | | | 自由貿易協定[1] | | |
|---|---|---|---|---|---|---|---|---|
| | 2015 | 2016 | 2017 | 2018 | 2019 | 談判中 | 簽署未生效 | 簽署並生效 |
| 中國 | 28 | 28 | 27 | 28 | 28 | 11 | 2 | 17 |
| 日本 | 6 | 8 | 9 | 5 | 6 | 8 | 0 | 17 |
| 新加坡 | 2 | 2 | 3 | 2 | 1 | 8 | 1 | 24 |
| 香港 | 7 | 9 | 6 | 7 | 3 | 1 | 1 | 7 |
| 韓國 | 26 | 26 | 26 | 15 | 13 | 13 | 1 | 16 |
| 台灣 | 15 | 14 | 15 | 13 | 12 | 1 | 0 | 8 |
| 馬來西亞 | 18 | 25 | 23 | 25 | 27 | 6 | 1 | 16 |
| 泰國 | 32 | 34 | 32 | 38 | 40 | 9 | 0 | 14 |
| 印尼 | 37 | 41 | 36 | 45 | 50 | 8 | 4 | 10 |
| 菲律賓 | 47 | 57 | 56 | 56 | 64 | 3 | 0 | 9 |
| 越南 | 56 | 60 | 55 | 77 | 67 | 3 | 1 | 12 |
| 新西蘭 | 16 | 13 | 13 | 18 | 19 | 6 | 1 | 12 |
| 澳洲 | 21 | 22 | 21 | 14 | 16 | 5 | 4 | 13 |

資料來源：筆者依據世界經濟論壇2015–2018《競爭力報告》及亞洲開發銀行彙整。
註1：數據彙整自亞洲區域整合中心的2017年數據，亞洲開發銀行。

投資和人才提供了友好環境，以促進其創新和維護其競爭力。他們利用自由貿易協定覆蓋範圍來經營他們的貿易自由化，並促進他們服務行業的GSV升級。新加坡是簽署最多的FTA的國家，其被評為東亞地區最具競爭力的經濟體和世界第二最具競爭力的經濟體。世界經濟論壇《2015–2016年競爭力報告》列出了亞太地區最具競爭力的經濟體（表3.10），並指出自由貿易協定的開放性和與經濟競爭力的直接關係。新加坡（排名第二）、香港（第七）、南韓（第二十六）和馬來西亞（第十八）等外向型經濟體已被確定為該地區的強大競爭對手。到了2019年，新加

坡與南韓在區域自由貿易協定的積極參與及談判，拓展出口優勢，分別在全球競爭力排名位居第一及第十三；香港則以「中國香港」積極與區域組織洽談自由貿易協定，當中包括2017年11月簽署的「東盟—中國香港自由貿易協定」並於2019年6月正式生效。

## 區域物流樞紐：東亞港口競爭

在硬體建設方面，健全與覆蓋率高的基礎建設是反映國際競爭力的另一個指標。對於諸多以出口導向的經濟體而言，以基礎建設作為支持「樞紐中心」就非常重要。在1997年香港回歸之際，泰國及馬來西亞爭相取代香港的國際金融中心與物流中心的地位，大量投入物流設施、包括港口、機場、高速公路等公共建設。結果卻是事與願違的，1997年亞洲金融風暴不僅衝擊這些國家的經濟，早前欠缺規劃的基礎建設也成了這些國家的另一個沈重經濟負擔。由於東亞經濟體在出口上面臨利益重疊的競爭，促使各國得投入資金面對區域物流中心和區域能源供應鏈的競爭。

「港口經濟」不僅突顯物流樞紐的重要性，也是生產活動「最終」的集散地。港口的吞吐量是經濟表現的重要指標之一，也是審視一國經濟競爭力的依據之一。畢竟全世界超過九成的貿易是透過港口的運輸配送完成的，而且港口經濟的發展可以降低商品在「集散」過程中的倉儲及運輸成本，同時帶動了更多的工作機會。由於全球生產製造中心多集中在亞洲，尤其是諸多區域生產中心位處在東亞地區。其次，由於各國紛紛投入新增港口，進而演變成所謂的「港口競爭」，在為數眾多的市場條件下，也突顯了貿易和服務業之間產生的「整合需求」。

航運是全球國際貿易商品最主要的運載方式，所佔比例約有九成以上。東亞，作為全球最大的「世界工廠」，尤其以中國為中心放射出去的物流聚合點（Hub），長三角與珠三角的港口發展趨勢最受到關注。截至2018年，在全球十大集裝箱港口城市中，中國就有七個城市（上海、深圳、香港、寧波、青島及廣州）榜上有名；按區域劃分，在全球二十大集裝箱港口排名中就有十四個是屬於東亞的城市港口（表3.11）。

　　中國的港口經濟發展也特別快速，尤其是中國有全球貿易總額的百分之十七做後盾。中國珠三角與長三角沿海城市的港口發展，在受到中國政府的政策驅動與經濟發展的「連帶效應」，已經竄升到全球主要港口的密集區。上海港在2011年也超越新加坡，成為中國及全球最大集裝箱港口。上海港的崛起不僅增加了對香港及中國其他主要港口的競爭壓力，並將過去長居第一的新加坡港及第二的香港拉開距離。目前，上海港是全球最大的集裝箱港口（4,201萬個TEU），其吞吐量是排名第六大的釜山港（2,166萬個TEU）的兩倍。其次，珠三角的港口經濟發展特別引起矚目。伴隨着深圳等經濟特區和廣東的對外貿易的增長，「珠三角」已成為全球製造業的集散中心。自2013年起，深圳港已經開始取代香港過去在港口物流的優勢，竄升為全球港口吞吐量排名第三的中國港口城市。鑑於包括深圳和廣州在內的競爭對手港口的顯著增長率，香港逐漸失去競爭力。在此消彼長的態勢下，香港港口的裝卸營運商和記黃埔在考量成本及深圳市政府提供的優惠措施下，將香港的業務移轉到深圳港。

　　新加坡與香港都是在中國經濟崛起前最重要的區域競爭對手。香港在2014年以2,200萬集裝箱的吞吐量位列全球集裝箱港口第四，到了2018年卻下降到1,900萬的集裝箱，在吞吐量與名次皆下跌，全球排名降至全球第七；反觀新加玻，則在近年的表現仍有增長，依然維持在全球第二。

表3.11 2014-2018年全球20大集裝箱港口吞吐量

百萬美元

| 排名 | 港口 | 2018 | 2017 | 2016 | 2015 | 2014 |
|---|---|---|---|---|---|---|
| 1 | 上海,中國 | 42.01 | 40.23 | 37.13 | 36.54 | 35.29 |
| 2 | 新加坡 | 36.6 | 33.67 | 30.9 | 30.92 | 33.87 |
| 3 | 深圳,中國 | 27.74 | 25.21 | 23.97 | 24.2 | 24.03 |
| 4 | 寧波—舟山,中國 | 26.35 | 24.61 | 21.6 | 20.63 | 19.45 |
| 5 | 廣州港,中國 | 21.87 | 20.37 | 18.85 | 17.22 | 16.16 |
| 6 | 釜山,南韓 | 21.66 | 20.49 | 19.85 | 19.45 | 18.65 |
| 7 | 香港特別行政區,中國 | 19.6 | 20.76 | 19.81 | 20.07 | 22.23 |
| 8 | 青島,中國 | 18.26 | 18.3 | 18.01 | 17.47 | 16.62 |
| 9 | 天津,中國 | 16 | 15.07 | 14.49 | 14.11 | 14.05 |
| 10 | 杜拜吉貝阿里港,阿拉伯聯合大公國 | 14.95 | 15.37 | 15.73 | 15.6 | 15.25 |
| 11 | 鹿特丹,荷蘭 | 14.51 | 13.73 | 12.38 | 12.23 | 12.3 |
| 12 | 巴生港,馬來西亞 | 12.32 | 13.73 | 13.2 | 11.89 | 10.95 |
| 13 | 安特衛普,比利時 | 11.1 | 10.45 | 10.04 | 9.65 | 8.98 |
| 14 | 高雄港,台灣 | 10.45 | 10.27 | 10.46 | 10.26 | 10.59 |
| 15 | 廈門,中國 | 10 | 10.38 | 9.61 | 9.18 | 10.13 |
| 16 | 大連,中國 | 9.77 | 9.7 | 9.61 | 9.45 | 10.13 |
| 17 | 洛杉磯,美國 | 9.46 | 9.43 | 8.86 | 8.16 | 8.33 |
| 18 | 丹戎帕拉帕斯港,馬來西亞 | 8.96 | 8.38 | 8.28 | 9.1 | 8.5 |
| 19 | 漢堡,德國 | 8.73 | 8.86 | 8.91 | 8.82 | 9.73 |
| 20 | 長灘,美國 | 8.09 | 7.54 | 6.8 | 7.19 | 6.82 |

資料來源:東盟秘書處 (2019)

　　在東南亞海上樞紐方面,馬來西亞的巴生港與丹戎帕拉帕斯港 (Tanjung Pelepas) 的整合對新加坡在馬六甲海峽的轉運市場份額直接產生威脅。2000年,全球最大的航運商馬士基 (Maesek) 將其所有的轉運業務從新加坡轉移到丹戎帕拉帕斯港。中國港口的崛起對新加坡港口產生了積極的影響,這種互補關係可能會增長,是取決於港口如何發展。馬六甲海峽與珠

江三角洲之間新興的競爭性港口之間出現了這種現象。在港口之間的零和博弈期間，區域內出現競爭，這影響了東亞區域主義區域一體化的效率性。

　　總而言之，上述五種驅動力的競爭模型並非簡單而以概之，而以東亞區域整體性的運作及宏觀條件描述東亞區域經濟整合面臨的問題、東亞國家經濟特徵及內部衍生出的現況。這些競爭暗示該地區出現了新的經濟力量和其他低成本生產商，這可能對其他主要經濟體構成額外的挑戰。其中我們必須正視東亞區域內競爭，包括「中日關係」、東盟經濟結構轉型和東亞戰略的後續發展。


## 全球供應價值鏈之爭

　　東亞經濟體由於重疊的利益而面臨更多挑戰，這促使他們投資於物流中心和區域能源供應鏈的競爭。如今，企業可以通過採用業務戰略建立全球生產網絡，以跨越國界傳播其不同的生產階段。企業的效率與企業針對個別國家利用企業特定優勢以及將其業務網絡國際化為生產中心的觀念形成強烈的對比。全球價值鏈已經隨着經濟格局的不斷發展而有不同的佈局，目前企業已經善用其產品與服務從事高效生產，以及拓展投資者與出口商的全球生產網絡。全球價值鏈已經不能僅靠生產單項組件或服務端就能完成最終產品或服務，這也使得各國得以更低的成本效益去融入到全球生產供應鏈之中。跨國公司與中小企業之間的戰略關係和業務關係是值得進一步深究的。GVC商業模式已經引領企業為自己保留最大利潤的價值鏈。日益重要的全球價值鏈也挑戰了衡量各國出口業績和國際競爭力的傳統方式，揭示着先進工業國和發展中國家在危機時刻以及未來的

2000年，全球最大的航運商馬士基將其所有的轉運業務從新加坡轉移到丹戎帕拉帕斯港，對新加坡在馬六甲海峽的轉運市場份額帶來直接威脅。

相互依存。企業將業務劃分到全球，包括產品設計，組件的製造，組裝和營銷，以及國際生產網絡或全球價值鏈的創建。增值方法反映了經濟和部門之間的相互聯繫以及貿易在GSV和生產鏈中間投入中日益增加的重要性。

## 水平整合：從「運輸成本」與「通關成本」做起

Porter (1990) 在《國家競爭力》一書中就提到在「地理」上的集群 (clustering) 過程中的重要性以及集群能促成產業之間的緊密交流。這成了東亞的地理條件以及東亞國家的競爭力之間的對比，尤其是促成東亞區域整合的要素。在這章節，筆者著重強調水平整合在東亞區域整合的的重要性，特別是在運輸和勞動力成本方面，然後將這兩個成本與地緣因素聯繫起來。

運輸與區域經濟一體化是直接有關的。在商業經營成本的計算，交易時間和運輸成本都是直接包含在消費品的價格之中。無論是中印半島的運輸網還是經由馬六甲海峽等海上航線的運輸成本，都與區域整合有關的商業活動可能產生的成本（表3.12）。在商言商，進口到新加坡（440美元）、香港（560美元）和馬來西亞（565美元）的成本都低於東亞和太平洋的平均進口成本（901.76美元）。這些成本使我們能夠說明在區域一體化過程中必須考慮的與地理因素相關的成本結構。由於香港與新加坡都具備自由港條件及其優良的運輸系統（包括前述的港口優勢與地理樞紐）、基礎設施和商業環境，因此運輸成本遠低於其他相對落後經濟的印尼及老撾。因此，這些國家可以與區域經濟競爭，成為區域再出口或直接出口的樞紐。

相比之下，中印半島的繁榮貿易活動可以歸功於CLMV與中國之間的鐵路（泛亞鐵路）和河流運輸（大湄公河），這大大降低了運輸成本，促進了區域貿易的相關程序。這種情況是由於有效的物流能夠減少會計和時間成本。成本的降低在很大程度上提高了業務效率和經濟區域化。

「通關成本」

在國際商業環境中、各國的通關成本（Border Compliance）是國際交易過程的重要衡量指標。世界銀行（The World Bank）屬下的《營商環境報告》（*Doing Business*）其中就以通關成本記載與進出口貨物的物流過程相關的時間和成本。《營商環境報告》測量與三套程序（文件合規性，邊界）相關的時間和成本（不包括稅費）合規性和國內運輸在進出口貨物的整個過程。當前，各國除了積極以加入區域自由貿易協定外，政府與民間

表3.12 2005–2014年亞太經濟體進口運輸成本

(按每個20英吋TEU集裝箱計算；單位：美元)

| | 2005 | 2006 | 2007 | 2008 | 2009 | 2010 | 2011 | 2012 | 2013 | 2014 |
|---|---|---|---|---|---|---|---|---|---|---|
| 新加坡 | 367.00 | 367.00 | 367.00 | 439.00 | 439.00 | 439.00 | 439.00 | 439.00 | 440.00 | 440.00 |
| 馬來西亞 | 385.00 | 385.00 | 385.00 | 450.00 | 450.00 | 450.00 | 435.00 | 420.00 | 485.00 | 560.00 |
| 香港 | 425.00 | 525.00 | 525.00 | 633.00 | 583.00 | 600.00 | 565.00 | 565.00 | 565.00 | 565.00 |
| 越南 | 586.00 | 586.00 | 586.00 | 606.00 | 645.00 | 645.00 | 670.00 | 600.00 | 600.00 | 600.00 |
| 緬甸 | N/A | N/A | N/A | N/A | N/A | N/A | N/A | 660.00 | 660.00 | 610.00 |
| 印尼 | 675.00 | 675.00 | 623.00 | 660.00 | 660.00 | 660.00 | 660.00 | 660.00 | 646.80 | 646.80 |
| 泰國 | 1,042.00 | 1,042.00 | 786.00 | 795.00 | 795.00 | 795.00 | 750.00 | 750.00 | 760.00 | 760.00 |
| 汶萊 | N/A | 590.00 | 590.00 | 708.00 | 708.00 | 708.00 | 745.00 | 745.00 | 770.00 | 770.00 |
| 中國 | 430.00 | 430.00 | 430.00 | 545.00 | 545.00 | 545.00 | 545.00 | 615.00 | 800.00 | 800.00 |
| 東亞與亞太地區 | 974.07 | 965.21 | 879.32 | 869.00 | 859.36 | 855.61 | 870.11 | 870.83 | 885.21 | 901.76 |
| 菲律賓 | 800.00 | 800.00 | 800.00 | 819.00 | 819.00 | 730.00 | 730.00 | 660.00 | 660.00 | 915.00 |
| 柬埔寨 | 816.00 | 852.00 | 852.00 | 872.00 | 872.00 | 872.00 | 872.00 | 900.00 | 930.00 | 930.00 |
| 日本 | 1,094.00 | 1,094.00 | 1,094.00 | 1,094.00 | 1,094.00 | 1,107.00 | 1,107.00 | 1,107.00 | 1,021.30 | 1,021.30 |
| 老撾 | 1,690.00 | 1,690.00 | 1,930.00 | 2,040.00 | 2,040.00 | 2,040.00 | 2,035.00 | 2,125.00 | 1,910.00 | 1,910.00 |

資料來源：世界銀行, Doing Business project (www.doingbusiness.org/)

企業，尤其是物流及貿易產業持續改善在進出口的通關作業程序以及優化物流配送網來縮減時間與（從報關—通關—清關）行政作業成本。東南亞的企業已經視其為分秒必爭的商業競爭條件。換言之，企業在區域生產鏈上的協調性及時效性將有利於更多的經濟行為及投資。

表3.13 2019年東亞經濟體通關成本

計價單位：美元

| 經濟體 | 進口 | 出口 |
|--------|------|------|
| 馬來西亞 | 213.00 | 213.00 |
| 新加坡 | 220.00 | 335.00 |
| 老撾 | 224.00 | 140.00 |
| 泰國 | 233.00 | 223.00 |
| 柬埔寨 | 240.00 | 375.00 |
| 香港 | 266.00 | 0 |
| 中國 | 326.00 | 314.00 |
| 台灣 | 340.00 | 335.00 |
| 越南 | 373.00 | 290.00 |
| 印尼 | 382.60 | 253.70 |
| 汶萊 | 395.00 | 340.00 |
| 緬甸 | 457.00 | 432.00 |
| 菲律賓 | 580.00 | 456.00 |
| 區域均值 | 415.80 | 382.20 |

資料來源：世界銀行集團 (World Bank Group)，《營商報告》(*Doing Business*)，2019

　　表3.13為2019年最新的東亞區域經濟體在進口與出口通關成本。馬來西亞、新加坡、老撾、泰國、柬埔寨及香港在進口通關成本是較具優勢的。另外可以看出老撾、柬埔寨這兩個後起的新興微型經濟體在實施經濟改革開放後的外向程度的提高，兩國政府大大提升了進出口的行政效率。值得關注的是香港站在整體的跨境貿易表現是不錯的，在該項排名為全球第29，且在進出口通關成本比馬來西亞及新加坡來得低，特別是出口通關成本為零，恰恰反映出香港鼓勵出口產業的政策目標與信心。

## 垂直整合：高漲的工資

貿易一體化程度的提高導致價格溢出率大幅上升，並顯示出高收入國家實體（日本、南韓、新加坡及香港）和東南亞二線國家（越南、老撾等國）的勞動力供應條件和工資的巨大差異。工資水平的提升是反映經濟發展的結構性現象，如同通貨膨脹率會帶動整體物價水平的提升一樣。當經濟發展的越快，勞動工資自然會水漲船高。在亞太地區新興市場，勞動成本的增加隨之帶動了通貨膨脹的增長。加上一些國家逐步實施「最低薪制」進一步加劇生產成本。更多的企業面臨高漲的生產成本，另一方面又想藉着機械化取代勞力密集生產，形成了這兩股生產壓力。這種現象在亞太地區非常普遍，尤其是經濟增長速度越快，該壓力就越大。

東南亞國家的興起提供了一個重要的勞動力資源，低工資和市場友好的政策環境。英國《經濟學人》曾提到，在2016年中國製造業工人平均每天收入27.50美元，而印尼和越南的工廠收入分別為8.60美元和6.70美元。據國際勞工組織《2018年全球工資報告》報導（表3.14），中國的平均月工資水平在2015年時已經突破830美元，是東盟國家（除新加坡及汶萊外）當中勞動工資水平最高的國家，換言之，中國在勞動成本已經逐漸失去優勢，跨國企業亦開始將中國的生產線外移到周邊地區。儘管泰國，印尼和菲律賓近幾年的工資水平大幅上漲，但這些經濟體在東亞生產中心的集約化生產中依然顯示出優勢；其次，這些東盟國家的薪水上升同時也受到「匯率貶值」的影響而出現「抵銷作用」。目前，亞洲國家高漲的工資也壓縮了所謂「工資套利」的空間，成本優勢進一步降低，只有推動產業升級來取代勞力密集的生產水平，中國與不少新興國家現正駛向這個軌道。所以你可以看到很多勞力密集產業已經從中國及部分東南亞國家移到勞力低廉的孟加拉、尼泊爾等南亞國家。

表3.14 2013–2017年東亞經濟體月平均勞動成本

單位：美元

| 經濟體 | 2013 | 2014 | 2015 | 2016 | 2017 |
|---|---|---|---|---|---|
| 中國 | 692.38 | 764.61 | 830.09 | 847.53 | 916.26 |
| 日本 | 3,076.92 | 2,753.55 | 2,770.57 | 2,854.58 | 2,961.85 |
| 新加坡 | 3,668.25 | 3,554.14 | 3,445.07 | 3,499.31 | 3,902.24 |
| 香港 | 1,711.54 | 1,765.65 | 1,841.73 | 1,891.61 | 1,937.45 |
| 韓國 | 2,948.81 | 2,902.63 | 2,820.59 | 2,835.04 | 3,284.93 |
| 台灣 | 1,530.81 | 1,495.42 | 1,477.00 | 1,503.54 | 1,684.83 |
| 馬來西亞 | 810.67 | 792.86 | 686.95 | 693.10 | 814.81 |
| 泰國 | 366.39 | 402.31 | 374.22 | 383.71 | N/A |
| 印尼 | 157.53 | 157.65 | 150.08 | 189.49 | 202.14 |
| 菲律賓 | 205.16 | 213.93 | 210.44 | 210.85 | N/A |
| 越南 | 195.31 | 209.23 | 207.07 | 218.92 | 236.48 |
| 新西蘭 | 3,282.68 | 3,421.51 | 2,965.15 | 3,109.10 | 3,265.53 |
| 澳洲 | 5,402.25 | 5,950.00 | 6,775.34 | 6,994.44 | 6,584.62 |

資料來源：國際勞工組織《2018年全球工資報告》（2019）
註：各國工資水平皆按《聚焦經濟》（*Focus Economics*）提供2013–2017年之年匯率換算得出。

# 商業模式攻防戰：跨國公司和中小企業

國際生產網絡為發展中國家的跨國公司（MNCs）和在地中小型企業（Small-Medium Enterprises, SME）提供各種機會，以促進更多經濟競爭以及市場。從某種意義上說，企業的競爭力可能是由國家或市場主導的政策驅動的。跨國公司與東亞中小企業之間的貿易競爭日益激烈。在東亞區域經濟整合的進程中，企業的規模與商業模式起着非常關鍵的作用，尤其是「商場」上所謂的規模經濟及市場佔有率。自由貿易協定的談判與簽署皆無法規避中小企業與跨國公司之間的「競爭」與「市場准入」條款。因此，區域經濟整合必然是另一場東道國的中小

圖3.3 東亞經濟整合──全球供應價值鏈競爭

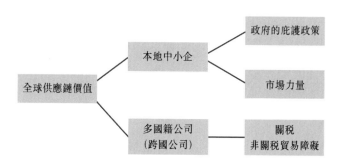

企業與外來的跨國公司的商業攻防戰，政府所扮演的角色就左右着區域經濟整合的進度與深度（圖3.3）。

## 跨國公司的上游：不斷發揮其優勢

　　跨國公司在全球化與貿易自由化都是不可或缺的重要載體，包括跨國公司帶來資金與技術，在世界各地從事海外生產與貿易活動。跨國公司擁有良好的國際經營系統、組織良好及有效率的業務模式。跨國公司在質量和流程控制方面往往都掌握着消費者的巨大需求。

　　在東亞區域整合的進程中，跨國公司更是幕後的主要推手。來自發達經濟體的跨國公司經常透過母國在國際政治的影響力去左右東道國的政治與貿易政策，包括使用政治干預和外交政策賦予其投資國家重要權力。在東亞，尤其是生產製造產業多是來自日本、美國及荷蘭為主的跨國公司。除此，這些跨國公司仍可通過維持其長期對國際供應鏈的上游端控制，來制

定國際價格及利用產能來影響市場機能。例如，美國跨國公司，如孟山都（Monsanto Company）通過在世界市場上採用供給面[10]，主導了農業食品行業的價格與供需市場。孟山都公司憑藉其技術壟斷及生產供給進而影響供應鏈上的國際價，使得其他國家的中小企業都無法通過議價能力或國家行動來挑戰孟山都公司的主導地位。反過來，這些跨國公司及利益集團要求母國政府向東道國施壓，要求東道國開放市場及移除關稅壁壘。

事實上，跨國公司和中小企業是存在一些矛盾。許多跨國公司為其供應商提供管理和技術培訓以及啟動計劃，都仰賴海外東道國的中小企業來提高其在價值鏈中的整合能力。這些供應商發展計劃允許公司從基於權力和討價還價的買方—供應商關係轉變為基於信任和合作的伙伴關係，而技術轉讓也經常成為跨國公司與中小企業之間矛盾。

## 中小企業的下游：更具競爭力的行動者

區域一體化進程還為區域中小企業提供了參與全球和區域生產網絡或價值鏈的機會。鑑於東亞的全球化和區域經濟一體化程度的提高，中小企業可藉由貿易自由化擴大對生產網絡。作為生產鏈的下游，中小企業是跨國公司的重要合作夥伴。自上世紀70年代，跨國公司透過委託外包製造（OEM）的方式與東亞的中小企業建立了生產關係的合作聯繫。跨國公司有時也允許在地的中小企業從委託生產的工序中學習到相關資訊技術知識，並提高生產效率，實現生產力增長和市場多樣化的商業模

---

10. 市場供給是指某一時間內和一定的價格水平下，生產者願意並可能為市場提供商品或服務的數量。市場供給是所有生產者供給的總和。市場供給量又可具體分為國內供給量和國外供給量，生產者可能增加的供給能力，實際的供給量和潛在的供給量之和近似為市場供給量。

式。作為跨國公司分包商的中小企業，經常被跨國公司定位為供應鏈的下游而對「技術移轉」有所保留。隨着越來越多的生產活動以及產業升級，曾經作為OEM的製造商已經逐步掌握產品的技術與國際市場行銷，並向國內外擴展生產規模，以致東南亞各國的中小企業四處林立。在東亞，三星和富士康等幾家中小企業也是通過OEM及ODM加強生產而發展成為今日全球百大跨國公司。在馬來西亞、印尼、泰國、越南和菲律賓，中小企業佔整體經濟結構比例越來越高。然而，對於中小企業佔多數的東亞新興國家，則面對融資障礙，國際市場競爭等問題。除非，中小企業在獲得外部融資方面以及政策的保護方能與跨國公司進行正面的競爭。

我們必須明白當下國際貿易的發展態勢，是顛倒了不對稱的商業競爭，尤其是原推動貿易自由化的美國反其道而行保護主義，現任美國總統特朗普的貿易政策就盡現出新重商主義正向相對封閉的區域集團發展。許多東亞國家已將保護政策和補貼應用於其新興產業，以提高其競爭力，而市場競爭則集中在其國內行業，這一點可以從東盟國家與中國實施的補貼政策看得出來。國家與利益集團同時最着重的利益就是如何在全球供應價值鏈上保持競爭力與市場份額，而當中主要的影響因素就是「市場准入」製造的貿易障礙，限制外部的跨國公司以及市場競爭者的數量。因此，市場與政策是商業競爭的主要動力，而國內的立法與相關保護傘政策也成了競爭式區域整合的矛盾之處。先後兩次的金融危機促成東亞各國得從區域的視角正視地區經濟與政治發展的穩定。其次，東亞各國現存高同質性的經濟特質是另一個突顯區域整合的「需求」，避免惡性競爭在東亞內部互相影響，以致惡性的零和結果。大國將地緣博弈引入到東亞的區域整合，勢必造成各國的交易成本增加，整合進度被挾持，看似積極的整合態勢，實際是淪為漫長低效的東亞格局。

表3.15 東南亞國家中小企業佔該國經濟結構比例與就業率

| 國家 | 佔整體經濟主體結構比例 | | 佔總體經濟活動的就業率 | |
|---|---|---|---|---|
| | 百分比 (%) | 計算年份 | 百分比 (%) | 計算年份 |
| 汶萊 | 98.2 | 2010 | 58.0 | 2008 |
| 柬埔寨 | 99.8 | 2011 | 79.9 | 2011 |
| 印尼 | 99.9 | 2011 | 97.2 | 2011 |
| 老撾 | *99.9 | 2006 | 81.4 | 2006 |
| 馬來西亞 | 97.3 | 2011 | 57.4 | 2012 |
| 緬甸 | **88.8 | - | - | - |
| 菲律賓 | 99.6 | 2011 | 61.0 | 2011 |
| 新加坡 | 99.4 | 2012 | 68.0 | 2012 |
| 泰國 | 99.8 | 2012 | 76.7 | 2011 |
| 越南 | 97.5 | 2011 | 51.7 | 2011 |

備註：* 亞洲開發銀行(2013); ** 註冊數目
資料來源：Charles Harvie (2015) SMEs, Trade and Development in Southeast Asia; Various Country Reports, ERIA (2013)

## 市場干預：區域經濟一體化的調節者

在東亞，中小企業經常得到東道國政府在「政策」與「財政」上的支持，目的不外是扶持國內新興崛起的產業，加強中小企業抵禦來自跨國公司的商業競爭。除了緬甸外，東盟國家的經濟實體幾乎是以中小企業為主，所佔比例95%以上。換言之，跨國公司與貿易自由化對這些國家的經濟衝擊是特別直接的。除馬來西亞和越南外，該地區60%以上的就業人數也來自中小企業。值得注意的是，印尼在東亞的中小企業就業比例最高，因此特別強調了保護該國當地生產者的重要性。鑑於東亞的中小企業比例很高以及關於中小企業競爭政策等若干問題，不僅在自由貿易協定中進行辯論和談判，而且也被列為區域一體化進程中的重要議程 (表3.15)。

政府已成為跨國公司與東亞中小企業之間商業拉鋸戰的政策協調員。東道國政府一方面要引進外資，擴大國內生產，藉此增加就業與發展經濟；同時，也面臨開放市場予跨國公司會衝擊國內中小企業及國營企業的市佔率及競爭。在東亞諸國之中，幾乎大部分都是屬於出口導向型經濟體，為了減少區域經濟整合衍生的競爭性，政府不得不為國內中小企業提供更多的保護政策，或間接干預市場。政府利用政策（包括監管措施與補貼等）為國內中小企業在生產活動上提供便利與扶持，將有助分流來自外國產品的競爭壓力。矛盾的是，東亞國家一方面在呼應區域經濟整合的貿易自由化，另一方面卻在自家門口築起一道防火牆。這也就是為什麼東亞區域經濟整合一直處於「只聽樓梯響，不見人下來」的狀態。

東盟共同體的創建就做出承諾，即為東盟會員國的中小企業開拓更多的新商業機會與市場規模，與此同時卻也面對着開放市場後的新挑戰。我們很明顯可以觀察出在東盟國之間的收入差距甚遠，例如新加坡的GDP是柬埔寨或緬甸的約50倍之多。中小企業在東盟國家之中所佔經濟結構中的數量比率及就業非常高份額外，卻普遍在GDP與邊境貿易上所創造的價值相對來得低。圖3.4就突顯東盟經濟體中小企業在2018年的結構性貢獻度，新加坡中小企業在GDP所創造就業及附加價值的表現最好；印尼中小企業是當中所佔GDP最高的國家，不過是相對低附加價值的國民產出。馬來西亞、泰國及菲律賓中小企業的表現是該國經濟貢獻度約35%至45%之間；換言之，這三國的中小企業在全球供應價值鏈的整合與改進仍須加把勁，其中這三國中小企業的生產效率是與國內政治及經濟結構的積存問題。越南中小企業的表現卻相對來得進步許多，這是越來越多跨國公司將生產線移到越南市場有相關。

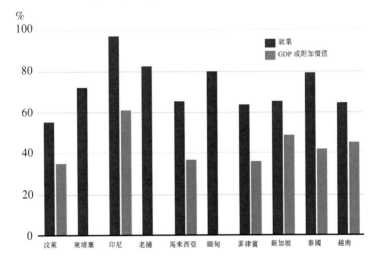

圖3.4 東盟經濟體的中小企業的結構性貢獻度

備註：

1. 企業規模是按最新資料及國別統計。新加坡資料是2017年數據；印尼、馬來西亞、菲律賓及泰國是2016年數據；汶萊是2015年數據；柬埔寨及老撾是2014年的數據；緬甸是粗略估計值。

2. 圖表數據指出東南亞的中小企業對GDP貢獻度，除了汶萊是以商業收益毛額及新加坡是以名目附加價值計算。

3. 柬埔寨、老撾及緬甸在GDP方面無數據或不詳。

資料來源：OECD，National Statistical Agencies（2018）

　　鑑於高度競爭的出口品性質，中國給東亞國家中小企業帶來了巨大的壓力。中國強勁的出口優勢使得東亞國家被迫提高適應市場變化的能力，創造開拓新市場的創新方法，發展創業技能以滿足市場的需求。專研中小企業經營的專家Singh（2010）就提到中國的中小企業是東亞和西方中小企業最具侵略性的競爭對手。中小企業是中國經濟最重要的經濟組成部分；它們佔企業總數的98.9%，佔中國工業總產值的65.6%。其次，互聯網或智能手機用戶的需求急劇增加，同樣延伸到數位消費經濟型態。例如中國最大的網絡購物平台「淘寶」（Taobao），已經滲透到東亞整個市場的網絡消費模式。中國中小企業除目前已經克服海外物流網絡的

問題，進一步連接本地和國際市場的即時交付貨物。很多東亞國家當地的中小企業受到「淘寶」的影響而被迫降低該國內市場價格，甚至在無利可圖之下退出了市場。中國國內及東南亞國家不少的實體通路（零售商）因數位消費模式的改變而受到很大程度的衝擊；站在消費者的立場，自然因消費型態創造出更多的便利性以及商業競爭下支付更低的價格。

## 市場零和：貿易轉移與保護貿易

區域經濟整合講究的是以市場驅動的效率市場。國內市場的監管主要取決於政府對國際貿易的態度。從這個意義上說，針對經濟開放是對政府的政策起着激勵作用，並考驗自我治理的能力。因此，如區域優惠貿易協定所述，制定適當措施和消除貿易壁壘是市場開放的主要議題。當關稅協議導致進口從低成本國家轉向高成本國家時，就會出現貿易轉移（trade diversion）。政府可以通過實施必要的政策來限製商品和服務的進口，並增加商品向國際市場的出口。

新貿易理論家鼓勵政府採取更多的「市場規範」（Market norms）來促進經濟利益，意味着政府可以塑造「比較優勢」，策略性干預或支持不完善的競爭與貿易條件。而政策制定者，則往往會屈服於遊說團體或國會的政治決定。基於政治與經濟的需要，多數的東亞國家都會傾向於保護國內的幼稚產業和市場。在國內新興產業和國有企業，自然會尋求政策保護傘，以便與其外國競爭者或規避其產品競爭的衝擊，尤其是東南亞國家政府對中小企業的長期保護。其次，保護政策還可透過規模經濟與補貼等方式，使得這些行業具有國際競爭力。另一方面，國家在國內扶植特定產業或進行補貼的政策，同樣也將引

發其貿易夥伴的報復，並對使用進口商品的消費者和生產者施加額外成本。再者，政策制定者積極鼓勵國內生產商升級其產業，以保持其在東亞區域一體化中的競爭地位。美國的保護主義曾經在上世紀80年代，利用匯率政策強迫日圓升值，進而改善日本對美國的巨大貿易順差，促使日本製造商在日圓升值下將其生產中心轉移到東亞，區域經濟整合因此成為東亞區域整合探討的議題之一。

「競爭政策」與「保護政策」皆在在東亞區域整合進程中扮演關鍵角色。為了擴大其國內和區域市場份額，企業不僅需要重塑其企業戰略，還得有效應對各自市場內的激烈競爭。簡言之，在資本流動、技術流動和人力資本中創造和增強「磁鐵效應」對國家至關重要。最終，隨着中小企業提高生產力和進入高度多樣化的市場，產品差異化和品牌重塑可以使整個產業受益以及區域經濟整合進一步獲得提升。

多個經濟體在東亞區域整合的深度與維度都存在競爭與合作的關係。中國的經濟快速崛起以及中印半島國家的經濟開發開啟東亞區域整合的新篇章。亞洲區域整合中心以「亞太區域合作與整合指數」（The Asia-Pacific Regional Cooperation and Integration Index），客觀地分析各個經濟體在東亞區域經濟整合的程度。

以2016年的數據顯示（表3.16），香港與馬來西亞在「貿易與投資」的整合深度與表現較為特出，尤其是馬來西亞長期貿易自由度、原物料及勞動力成本使其產業整合加快。中國與香港則在「貨幣與金融」方面表現較其他經濟來的亮眼，其中有賴於「人民幣國際化」以及貨幣資本化的措施，深化中國與香港在區域金融體系中重要角色。中國與泰國則在「區域價值鏈」得分最高，中國與泰國積極進行「工業4.0」，產業升級的進展有

表3.16 2016年亞太區域合作與整合指數

| 分類 | 中國 | 香港 | 印尼 | 日本 | 南韓 | 馬來西亞 | 新西蘭 | 菲律賓 | 新加坡 | 台灣 | 泰國 | 越南 |
|---|---|---|---|---|---|---|---|---|---|---|---|---|
| 貿易與投資 | 0.40 | 0.57 | 0.39 | 0.47 | 0.26 | 0.55 | 0.40 | 0.45 | 0.47 | 0.44 | 0.52 | 0.52 |
| 貨幣與金融 | 0.59 | 0.50 | 0.43 | 0.31 | 0.43 | 0.42 | 0.41 | 0.41 | 0.43 | 0.42 | 0.42 | 0.44 |
| 區域價值鏈 | 0.39 | 0.35 | 0.37 | 0.33 | 0.35 | 0.35 | 0.30 | 0.35 | 0.30 | n.a | 0.38 | 0.37 |
| 基礎建設與鏈接性 | 0.60 | 0.70 | 0.59 | 0.66 | 0.68 | 0.63 | 0.65 | 0.55 | 0.75 | 0.65 | 0.63 | 0.53 |
| 人員流動 | 0.41 | 0.52 | 0.44 | 0.48 | 0.53 | 0.67 | 0.57 | 0.34 | 0.63 | n.a | 0.43 | 0.36 |
| 制度與社會整合 | 0.56 | 0.21 | 0.35 | 0.43 | 0.41 | 0.39 | 0.26 | 0.29 | 0.34 | 0.18 | 0.43 | 0.35 |
| 整體指數 | 0.48 | 0.48 | 0.43 | 0.46 | 0.44 | 0.51 | 0.42 | 0.40 | 0.49 | n.a | 0.47 | 0.43 |

資料來源：亞洲開發銀行，亞太區域整合中心 (2019)

顯著效果，泰國則在日本跨國企業的支持下強化泰國在區域生產供應鏈與產品價值鏈的效益。新加坡與香港在「基礎建設與鏈接性」長期都保持其優勢，除了「自由港」經濟制度的加持外，地緣的聚合功能持續強化新加坡與香港在樞紐中心的地位（商務與物流）。另外，馬來西亞與新加坡在國際商務上的「人員流動」表現得最好，尤其是馬、新兩地都有不少華裔人才在「中國崛起」與東亞區域經濟文化與制度的適應性（Adaption）與相容性（Compactivity）較強。中國、日本與泰國在「制度與社會整合」上表現突出，包括這些國家推動的區域整合與當地社會是具有一定的發展共識。總體而言，馬來西亞與新加坡是在亞太區域整合表現是最佳的，不過馬、新兩國在經濟互賴的基礎上依然存在相當高的競爭，尤其是在貨幣與金融整合的競爭強度越來越強。

# 「開放與進取」的整合經驗：新加坡與香港

香港與新加坡是微型經濟體，而其「開放與進取」的整合經驗是值得借鑑的。二者清晰製造業並非其在區域經濟整合的比較優勢，轉而發展轉口加工與附加價值高的金融服務業，藉以發揮其自由港與良好的經商環境。新加坡政府在經濟政策管理基本上，建立在強化自由市場的運作及對外導向的經濟政策。新加坡目前已簽署了20個FTA，其中18個已生效，是亞洲簽署FTA最多的國家。新加坡當前積極推動追求市場一體化、強化區域整合的東盟經濟共同體。由於新加坡沒有農業所以涉及的農業談判阻力小，有助於新加坡對外結盟。新加坡的路線非常清晰：即要有策略、有步驟的進行對外開放及響應區域經濟整合。並進一步推動海外經貿市場多元化。它甚至提出「七小時飛行範圍腹地論」（7-hour economic hinterland of flying radius），把距離新加坡7小時飛行航程範圍內的國家，視為通商腹地做為洽簽FTA的潛在對象，範圍遍及中國、韓國、印度、澳洲等國家，以便將經濟觸角伸展到世界各地。由於政府的積極態度與經濟的開放，因此得以吸引跨國公司引進技術與資源，使本地的企業保持競爭力。

至於香港，是被亞太區域經濟整合的發展態勢激發出的危機意識，並藉由中央政府的安排積極參與區域經濟整合。東盟是香港第二大貨物貿易夥伴和第四大服務貿易夥伴。自2011年開始，香港已經開始籌劃與東盟洽簽經濟合作協議的構想。香港並在2017年正式與東盟簽訂自由貿易和相關投資協定，進一步強化香港與區域國家的經濟整合。這些措施除了有助於香港與中國內地企業聯合「走出去」，加強香港作為中國企業國際化之重點合作對象，投標及承攬項目等方式，開拓國際投資和基礎建設市場。香港與東盟建立更緊密的經濟合作關係，更有利

於中國大陸利用香港做為橋樑，緩和中國大陸與東盟國家之間的矛盾。香港加入ACFTA，可為東盟的金融業、專業服務、資訊和通訊科技、酒店、旅遊及房地產發展帶來益處。另外，預期在香港上市的中國內地企業對東盟投資額將會持續上升，增加外來直接投資及融資機會。在零關稅待遇的自由貿易區內，區域內的貿易額將進一步提升，有利香港鞏固貿易及航運中心的樞紐地位。

# 4

東亞區域政治整合與對弈

時隔兩百多年，西歐的一場工業革命掀起了科技如何征服主權文明，帝國主義的興起打醒了正在東亞沈睡的「中國龍」與「印度象」。隨着東亞文明大國的隕弱，其餘地區小國難以倖免被分化及被殖民的惡運。中國文明維持了一千多年的朝貢體系一夕間被打破，東亞的政治與經濟秩序直接被西方帝國主義所取代。西方世界不斷用船堅炮利的優勢，在東亞地區交互運往原料、人力，並用所謂帝國主義的市場力量來控制殖民地的經濟命脈。

當前東亞權力結構存在着不確定性，包括大國密集性（兩個以上的大國存在同一區域）、區域安全穩定性（朝鮮半島核威脅）、領土紛爭（東海及南海議題）及衝突熱點（中印半島的宗教衝突與人權議題）。東亞各國之間的互動皆受到上述不確定性的影響，程度亦不同。政治，本身就是利益共同體，並與權力結構相結合。在東亞區域主義強調了區域安全的作用。在現實主義的範式中，維護國家和聯盟之間的權力平衡是國家安全中至關重要的「國家為中心」的問題。其次，在東亞，政治已經走向多邊主義。像美國這個大國可以在遠在太平洋的另一端為東亞建立區域多邊主義，通過制度路徑來限制某些國家的權力以及國家之間的分歧與不平等。

東亞國家之間的互動，也隨着全球化下不斷增長的互賴與經濟現實改變了東亞的政治與經濟結構。邏輯上，隨着區域國家的互賴關係的增長，國際關係理應更密切，合作的維度與深度相應增長。如今東亞國家的政治菁英大多畢業於歐美國家，他們的思維不少亦受到西方主流的影響。如何將西方的現代政治哲學與東方在地原生地緣做結合，也是東亞區域結構存在根本性政治融合問題。再者，價值也是政治結構不可或缺的元

素。有很多政治家及學者在質疑，究竟東亞的亞洲價值[1]（Asian values）是什麼？東亞先後經歷葡萄牙、荷蘭、西班牙、英國、法國及美國的殖民統治，各國自身的文明與價值已被四分五裂，對今日的東亞地緣政治增加更多的複雜性。二戰過後，去殖民地化過後所帶來的卻是另一股意識型態思潮，東亞地區國家的原貌被冷戰思維所綁架。直到冷戰後期，世界迎來了美國霸權，提供一個新自由主義的框架，各國在這保護傘下各自發展。

亞洲政治強人李光耀認為人權還是民主都是西方的舶來品。中國、日本、韓國、台灣、新加坡、越南存在共享的「儒家主義」（Confucianism）價值，因而型塑了這些地方目前的社會文化面貌。「亞洲價值」無疑為東亞國家開了後門，以合理化人權的保障必須考慮特定的文化、社會、經濟和政治之狀況。馬來西亞政治家馬哈蒂爾也指出亞洲價值透過良善治理、家庭的神聖性、多樣性的寬容、對弱者和不幸者的同情，來達成社會和諧。

東亞對於「整合」有其必要性，究竟要先政治整合還是經濟整合，似乎又成了各界爭議的另一個問題。區域整合，就是將不同的文明、制度及價值，放在一個認可的共同價值，並在整合過程中產生新功能主義者所謂的外溢效果，為共同體創造互惠互利的結構。或許在紛擾以及競爭的條件可歷練出東亞的共同價值，探索出一個真正的整合機制。

---

1. 亞洲價值包括重視家庭價值觀、尊重權威、強調共識於決策的角色，社會群體高於個人主義，並與威權主義理論有相通之處。

## 政治與安全競爭區域整合模型

若以歐盟的超國家途徑應用在東亞區域主義的發展軌跡明顯是格格不入的。東亞有今日的繁榮，至少在大國「不干預內政」原則以及擱置「領土紛爭」的議題上，東亞各國是按自己的道路各自發展。若以區域主義學者的視角切入東亞的政治結構，東亞的政治原貌畢竟是複雜度高的地區，無論在政治、社會、文化、經濟等暫且做不到像歐盟那種超國家主義的區域融合，但卻有可能做到「合作共贏」的區域經濟整合。如何合作與共贏就取決於中國與日本兩國了。

國際秩序就是動態的零和遊戲，競爭的自然法則是無法根除的，唯有合作進行良性的競爭才實現東亞區域主義的「合作共贏」局面。為了進一步闡明東亞區域整合在政治結構與安全領域的競爭關係，筆者認為由五種驅動力相互影響着東亞區域整合，同時凸顯出競爭區域整合的特徵，包括：

一、權力轉移；
二、互賴關係；
三、東亞內部政治；
四、外力介入競爭；以及，
五、東亞國家決策者的意向。

權力移轉出現在東亞，是競爭區域主義興起的動力。在東亞，無論是安全或經濟秩序長期都在美國霸權的轄下，像中國與日本都未具挑戰美國的實力。不過，中國崛起也致使東亞地區出現結構性的變化，特別是其對該地區商業活動的經濟主導地位。中國崛起對東亞區域是一件好事，也是各國所樂觀其成。其次，中國作為一個區域大國，毫無懸念地想將美國勢力驅出亞洲。中國崛起不單止加劇該地區的威脅和競爭，也意味

圖4.1 東亞區域整合政治與安全競爭模型

着東亞地區將出現一場更激烈主導權的競賽。同時,當下的日本首相安倍晉三卻是渴望藉由TPP來主導東亞的經濟秩序,而事與願違的事實就是一個沒有美國的支持終究是孤掌難鳴。對於東盟,採取多邊方式是當前最有利的面對中國崛起的挑戰,至於聯合美國、日本或印度聯手對抗中國的威脅亦可作為多邊主義的附加策略。簡言之,一個團結的東盟是足以應對中國崛起帶來的威脅,唯獨離散的東盟核心才會墜入所謂的「不對稱雙邊互動關係」。倘若東亞權力結構的不對稱日益明顯,可想而知區域主義的發展將是支離破碎的,難成氣候。

其二,互賴關係是影響着東亞區域整合的進程與發展。如同新加坡、汶萊、老撾這樣的小國得以在東亞體系中生存,靠的不單是外交策略,固然有其與大國之間的互賴關係在支持着。在東亞,這種互賴關係往往建立三種層次,即經濟互賴、政治(外交)互賴以及安全(軍事)互賴。經濟互賴,往往突顯出大國與小國之間因地緣條件而產生的互賴關係。例如新加坡以開放的自由經濟體、區域石油提煉中心、區域金融交易中心及物流樞紐中心形成與中國、日本及周邊大國之間的經濟互賴關

係，當中也涵蓋了經濟產業的供給鏈與生產鏈的生產協作與整合網絡。其次，延續前述的霸權穩定論的自由主義體系，縱使像中國這樣的大國也必然遵循國際秩序鞏固大國的權力與形象，如何贏得周邊國家的信賴換取國際社會話語權的支持就得依靠這些國家的支持。這種互賴關係取決於國家與國家的互信基礎，而這些基礎往往基於國家之間的互動與對外政策。因此，「不干預內政」明顯就是東亞區域整合當中維繫外交互賴的基石，「不結盟運動」也成為東盟這些國家與中國、日本及美國這些大國之間能夠在外交互賴基礎上打交道的條件。第三種互賴就是軍事安全方面的互賴，新加坡與韓國就是典型的受到國家安全因素而與美國形成的互賴關係。朝鮮半島受到核威脅與新加坡受到周邊伊斯蘭國家包圍的安全處境類似，都需要大國提供相關的安全保障，而大國也在新、韓兩國境內建立符合美國利益的戰略部署軍事基地，形成互惠互利的軍事互賴關係。

其三，東亞內部政治環境是區域主義繼續走下去的另一道屏障。從中印半島的社會主義政權到馬來半島的君主立憲政權，再到新加坡、印尼及菲律賓的民主共和政權，盡顯東南亞區域的政治氛圍的差異。從歷史上，我們可以看到政變與內戰經常在中印半島及東北亞區域發生，一直糾纏着這些國家政治發展，甚至對區域主義的發展構成一定的威脅。例如1998年在印尼發生的排華事件，對周邊國家如馬來西亞及新加坡構成安全問題。菲律賓南部的回教極端組織阿布沙耶及復辟蘇祿王朝的武裝組織先後入侵馬來西亞沙巴州的領土，並造成人員傷亡等損失，諸如此類的他國分離主義組織將境內安全威脅輸出到他國，加劇區域國家之間的複雜地緣關係。

其四，東亞區域既是美國全球戰略中的重要一環，冷戰期間美國與蘇聯爭奪在這一區域的主導權。東亞區域國家傳統上與美國保持着緊密的政治、軍事與經濟聯繫，並在這些方面對

美國有着很強的依賴性。在東亞區域整合的過程中，都與美國形成某種特殊利益關係。反之，如果東亞區域形成一個沒有美國利益而自主發展的實體，美國的國家利益明顯受到威脅，這也就是為什麼美國這個外部因素必然要「構築」在東亞區域整合的結構之中。簡單來說，東亞內部的區域主義發展與整合態勢很大程度上是依賴中日兩國關係的發展，一個是大國崛起的中國以及另一個是離不開日本因素的經濟整合，二者可謂主導東亞區域整合發展的兩股力量。

台海問題、朝鮮半島問題、東海領土爭議及南海爭端都與東亞地緣內部存在交織複雜的內部矛盾，是明顯阻礙着東亞區域整合進程的絆腳石。在區域領土爭端與安全合作上，美國與日本介入南海爭端引發中國強烈的不滿。外力干預是東亞區域主義產生結構性變化的主因。延續前述東亞各國具有經濟政治多樣性，東亞的政治結構與經濟發展關係呈現複雜化與支碎化特徵。東亞區域原本就有中日這兩個國家在區域內部運作區域秩序。歷史告訴大家的是，歷時一千多年的中國朝貢體系是一個以中國為中心的東亞秩序；二次世界大戰時期，日本帝國主義也曾主導過東亞秩序；二戰結束後的三十年，日本再次主導着東亞區域經濟秩序以及整合態勢。東亞區域內部的其他國家就只有被中日兩國所支配。至於東亞區域外部，唯獨美國可以在二戰結束後成功取代英國、法國、西班牙及荷蘭，在東亞區域建立一個以美國霸權為首，日本為支點的秩序，支配着東亞區域的整體發展。

最後，東亞國家的決策者是區域主義發展的另一個焦點，尤其是東亞國家出現政權輪替與領導人交接的時候。國家領導人的交替通常都會在對外政策有所調整，這些調整都會對整個東亞局勢的後續發展有一定的影響，特別是東盟成員國的部分領導人的立場調整是直接對東盟這個集合體產生很大的影響

力。例如菲律賓現任總統杜特蒂與前任總統阿奎諾三世在南海主權爭端的立場鮮明對比。2013年阿奎諾三世將爭議提交國際仲裁，海牙常設仲裁法庭2016年就南海仲裁案公佈裁決，中國一向主張的南海「九段線」（Nine Dash Line）和歷史性權利皆被指與《聯合國海洋法公約》相悖，無法律依據而遭否定，中國遭遇南海爭議以來最嚴重挫敗。到了杜特爾特上台後，就開始修補和北京的關係，擱置海牙常設仲裁庭所作對菲有利的南海案仲裁結果。這兩位菲律賓的領導人在政權交替後出現如此巨大的落差，也直接影響東盟其他會員國越南等國在南海爭端上的主張有所衝突，而區域內的國際合作也蕩然退場。再者，新加坡與中國長期都保有相當密切的關係，中國甚至以「老朋友」稱呼新加坡；而新加坡在美國奧巴馬政府主張的重返亞洲政策致使新加坡在東盟這個集合體的場合上調整對中政策，中新關係因新加坡親美立場鮮明而一度跌入低潮。2015年，由昂山素姬領導的全國民主聯盟贏得是次大選，並擔任國務資政而實際上就是緬甸的實權領導人。昂山素姬上台後直接調整過去軍政府對中國的友好政策，並對外開放，自此改革緬甸的政治與經濟發展。2018年5月，首相馬哈蒂爾領導的反對陣線「希望聯盟」成功在馬來西亞實現首次政權輪替。其上任後馬上調整前任首相納吉的對中政策，並與日本建立密切關係，將馬來西亞帶返東盟這個大舞台與大國互動。這些例子就是在闡述東亞國家的對外政策，包括對區域主義的立場都會因為領導人或政權輪替而對區域主義發展帶來不少的變數。


## 「甦醒的獅子」與「無爪的老虎」

從鄧小平時代改革開放後，中國就以「摸着石頭過河」實踐一個「大國崛起」，從而使他成為中國經濟增長的最重要的

推動者。在全球化步伐加速的背景之下，資金與貿易的跨界流動將全球經濟連結在一起，就此塑造了世界經濟互賴關係的關鍵。大量的跨境資金流向了一個被外界視為失衡的亞太地區，除了促成了中國崛起，也同樣造成一個失衡的增長模式。

「中國模式」一直扮演重要的全球生產中心，以中國生產的競爭優勢保持了經濟增長，這不僅應付了歐美的龐大需求以及國內的內部需求，甚至還出現「產能過剩」。其次，長期累積的貿易順差讓中國從上世紀90年代的1,000億美元的外匯儲備攀升到2013年的3.5兆美元，並超越日本而成為全世界最大的外匯儲備國。在龐大的貿易產能以及外匯儲備，如何妥善運用並避免貿易摩擦和保護主義的威脅，這成了中國當局最大的挑戰。中國領導人也深知要強權崛起必須處理棘手的國家安全問題，也必然要在國際政治遊戲中付出更多的代價。

經歷幾十年區域整合的東亞，幾乎整個工業化進程都離不開日本企業的主導。1985年「廣場協定」（Plaza Accord）更是日本加速在東南亞國家工業化的催化劑，日圓大幅升值，導致日本出口產業失去競爭力，日本企業紛紛外移到東南亞從事海外生產。今天，拿著放大鏡在東亞的地圖上左盼右望，從中印半島到印尼群島，十之八九的生產線都是「Made in Japan」。新加坡之所以在產業鏈轉型成功，日本的資金與技術就在過程中扮演著關鍵的角色。從泰國、印尼、菲律賓的工業區到商業區，廠商到品牌，絕對少不了日本企業的身影。就連剛走出封閉經濟的緬甸及越南，也是「主動」邀請日本前去開發與投資。東南亞之所以有今日的工業化與榮景，相信就是讓各國領導人趨之若鶩日本的外來直接投資是維繫東南亞國家經濟發展的養料，尤其發展經濟不可或缺日本的資金流與技術流。

暫且不提日本在二戰時期提出的「大東亞共榮圈」，日本一直都渴望在東亞建立一個共同體（community），理所當然是

以日本為主導的區域政治經濟整合。這個東亞共同體的概念是一個重層化、複合式、重視功能合作，包含政治與安全保障的全方位組織。自1980年代中期開始，日本倚仗着經濟優勢，一直在強調着「亞洲太平洋」而非「亞洲」的區位主體概念，目的除了是藉由太平洋區域主義將美國拉進亞洲，提升由日本來扮演美亞橋樑的角色與「美日中心軸輻系統」（US–Japan Hub-and-spoke system）戰略地位；另外一方面則是因為認為唯有推動亞太整合方能與歐洲整合分庭抗禮。1990年，時任馬來西亞首相馬哈蒂爾就提出一個由東亞內部國家——日本主導的EAEG倡議，並將美國、澳洲等國排除在外。此倡議最終因為美國以既有APEC為由反對EAEG，再加上馬哈蒂爾的提案在東盟內部也沒能獲得共識而無疾而終。2009年，時任日本首相的鳩山由紀夫再次提出建立東亞共同體（East Asian Community, EAC），顯示日本政府重視東亞區域合作的積極姿態，不過這次是因日本內部政局不穩定以及中國與韓國實力已經在區域內崛起等外部條件，不利於日本提出的成立東亞共同體的倡議。

日本的國際貿易夥伴，主要是東亞、北美與歐洲。1997年的亞洲金融風暴讓日本重歸東亞區域主義的藍圖。日本轉向以與東盟合作為中心的整合方案。尤其在東盟與中國簽訂東盟—中國自由貿易協定（ACFTA）後，日本也不甘示弱讓中國獨佔東盟市場，並在2008年與東盟簽訂東盟—日本經濟夥伴協定（ASEAN–Japan Economic Partnership Agreement, AJEPA）。長期以來，東亞地區為日本最主要的貿易區域，但是關稅所造成的障礙卻也是最高的。就現實面來看，似乎難以寄望透過WTO機制來去除東亞貿易的障礙，故若能以AJEPA廢除關稅，並強化貿易自由化及便捷化，將有可能為日本簽署EPA/FTA取得最大的效益。其中，日本曾與東盟多個國家談判簽訂雙邊FTA，不過最終還是抵不過東盟國家自身設定保護政策的屏障。中日之間的博弈也凸顯東亞兩個主要內部國家在區域整合的利益衝

突與矛盾。日本與中國在對外皆稱東亞經濟整合應以東盟為核心，然而日本自己卻也有一套戰略考量。希望透過與東盟、東北亞、印度、澳洲之間的EPA或投資協定之簽署，將日本變成區域整合之軸心。由此可看出，日本期待東亞經濟整合不僅僅要確保日本企業利益，也要具有將日本影響力輻射至全球、進行全球佈局的功能。

日本作為區域內的要角，其國內政治發展與首相更替頻仍對東亞區域整合有相當影響，如此東亞各國的政治氛圍為東亞區域整合增添了幾許變數。如今安倍晉三執政，日本重回亞太區域整合的舞台，安倍積極拉攏成員國簽署TPP，即使美國總統特朗普已經宣佈推出TPP談判。安倍對於東亞區域主義之看法以及美國特朗普政府之間的關係如何，都將對於東亞整合的發展有所影響，值得持續關注。

## 轉型的「新東盟」

東盟（Association of Southeast Asian Nations, ASEAN），在東南亞地區則稱「亞細安」[2]，成立之初只是一個保衛自己安全利益及與西方保持戰略關係的聯盟，其活動僅限於探討經濟、文化等方面的合作。1992年，東盟就提出建立自由貿易區，力爭通過推進貿易自由化提高合作水平和加強經濟一體化建設。為了早日實現東盟內部的經濟一體化，東盟自由貿易區於2002年1月1日正式啓動，關稅降至0-5%。越南、老撾、緬甸和柬埔寨

---

2. 由當時的創始會員印尼、新加坡、泰國、菲律賓及馬來西亞五國在1967年《曼谷宣言》框架下宣告成立。在1980年代開始，汶萊（1984年）、越南（1995年）、老撾（1997年）、緬甸（1997年）和柬埔寨（1999年）五國相繼加入東盟，使這一組織涵蓋整個東南亞地區東盟如今已經發展成一個重要的區域性政治及經濟組織。

四國於2015年實現這一目標。2003年東盟首腦會議發表的《東盟第二協約宣言》宣佈，將於2020年建成以「東盟共同體」、經濟共同體和社會文化共同體為三大支柱的東盟共同體。緊接着，東盟擴大原本的「東盟加三」的框架，外加印度、澳洲、新西蘭六國（即東亞峰會的16個初始成員）於2010年啓動自貿區談判，隨即在2011年啟動「區域全面伙伴關係協定」（RCEP）的倡議。在國際安全態勢與全球化的趨勢下，東盟歷經二十多年的不斷自我調整，成功由一個圍堵共產主義的集合體轉變成接納共產主義的包容性政治共同體，並在區域安全及經濟發展逐步提升到綜合性的區域組織，被國際社會視為一個整合的典範。

東盟在區域整合的過程中，也多次因利益分歧而浮出兩個共同性問題，一個是「成員國之間一體化的願景和目標」是否一致；其次就是「為實現願景與目標的規則和方法」。在這個層次上，筆者將之劃分成「東盟」與「新東盟」。二者之間最大的差別就是東盟這個集合體內部的主導權。在2000年前，「東盟」還是處於一個「強人政治」的時代，因為當時東盟內部幾個重要國家例如馬來西亞的馬哈蒂爾、新加坡的李光耀還是東盟對外的話事人，明顯不同他們退隱後的東盟對外政策。東盟國家很多接班的「官二代」領導人例如馬來西亞的前首相納吉（2009–2018年）及新加坡的李顯龍（2004年至今任總理）。納吉執政時期的外交政策是所謂的「買保險」，不同於馬哈蒂爾執政時期較少彈性的外交主軸。納吉的「買保險」是同時間與中國一方面保持友好關係，另一方面則改善馬國與美國的友好關係，遊走於「中美關係」之間。納吉執政時期可謂是馬中兩國的升溫期，馬中雙邊關係是進一步深化，馬國成為東盟國家之中對中貿易最大的貿易夥伴國，且在南海議題上選擇積極的「不作為」，低調處理包括馬國在內與中國的南海主權爭議。2018年，馬哈蒂爾在馬國的政黨輪替後再度任相，外交主軸再次回

歸到「親日、好中、和美」博弈框架，另再提出成立東亞經濟共策會（EAEC），借由這個區域集團，跟其他集團和強國如中國談判。同時，我們或可以馬哈蒂爾近年的在外交或國際場合的表態與談話中，觀察出馬哈蒂爾似乎不太重視「東盟」這個區域集體框架與功能。

新加坡總理李顯龍開啟的是「新東盟」模式，他們所用的外交人員更多的是年輕世代，加上領導人在外交決策上有時候出現漂浮不定的方向，致使東盟內部國家缺乏一個強有力的主導國。因應國際局勢的最新發展，而將印度及美國引入到東盟內部就自然被視為一個緩兵之計，讓「新東盟」成為一個更開放，走向一個更「集體安全」與「經濟融合」的共同體。「新東盟」模式的成效何嘗不是一件好事。當然，涉及到東亞區域結構在移轉過程中產生的利益矛盾，自然會引發另一方的顧忌及不滿，例如「選邊站」及「平衡」策略帶給中國崛起的影響。東盟國家為追求自身利益，一直積極調整區域經濟一體化戰略，探索區域合作的模式。我們可以看出東盟將利益共同體擴及到印度洋及南太平洋的澳紐地區，同時也是以戰略平衡因應區域內風起雲湧的外部角力，東盟引入美國與印度進入南海就是明顯的平衡東亞內部崛起的中國勢力。對於東盟而言，尤其是在大國競爭之間左右逢源的戰略空間是比較現實，也是比較符合當前的權宜之計。東亞區域區域主義的發展至少比東北亞的區域整合發展來得順利的多，東盟各國之間的對立關係與歷史包袱比東北亞少了許多，這也說明東亞區域主義的發展先從東南亞，目前就從「新東盟」模式起步做起。

## 誰與爭鋒：中國對弈日本

「中國崛起」為東亞加註了競爭型區域主義，也逆向反映美日兩國的中心輻射系統在東南亞地區已經受到挑戰。現在，美國的戰略重部署就是要藉由「增強日本」在東南亞的影響力，遏止中國持續增長的地緣影響力。1997年亞洲金融危機風暴是一個分水嶺，中日關係在東亞結構中內生和競爭浮現，並隨着東亞區域一體化而持續激烈。中國和日本經常採用對東亞的競爭政策。「中日之爭」因此也被視為美國在東亞區域的代理人之爭。

過去的十年中，中日兩國在東亞結構內的矛盾與領土爭端愈演愈烈，以致中日在對外政策實施進取的競爭政策，其中以東南亞地區的較勁氣氛日漸白熱化。中日兩國在區域一體化方面的合作發展受到若干複雜障礙的阻礙，這些障礙給兩國帶來了相互衝突的壓力。中國參與區域制度以及進取的東亞外交政策，加深周邊國家的政治和經濟聯繫；日本長期在東南亞國家深植的區域生產關係與經濟利益亦受到中國崛起的挑戰。

其次，中日關係因民族主義興起與主權爭議而惡化，加劇了區域安全的潛在風險。長期研究中日關係的學者Rathus就這樣形容：中國逐漸取代日本成為東亞的主導力量，兩國都意識到這種角色的轉變將從根本上影響他們的關係。日本在安倍晉三主政下，與中國爭鋒相對的外交政策是格外明顯。緊接着，筆者分別以高鐵外交、官方開發援助（Official Development Aids, ODAs）以及湄公河次領域合作說明中日在東南亞的競爭狀態。

## 中日高鐵競爭工程

多國對於國家發展基礎建設以及資金需求日益擴大，誘發起中國和日本在新興市場尋找到發展商機與深入東南亞地緣政治的突破點——基礎設施市場。近年來，隨着創新鐵路系統技術的提出，鐵路一體化成為新的熱點。鐵路不僅減少了乘客的通勤距離，還促進了跨境貿易，增強了鋼鐵、土地、財產和服務等相關產業。鐵路建設涉及勞動力、資本和貿易。與全球化的子產品類似，這些鐵路具有整合功能，產生前述的溢出效應，並涉及東亞區域一體化網絡。許多國家對高鐵的建設都有相當高的興趣，這也是東亞經濟發展的另一個重要發展標誌。

印尼、馬來西亞、泰國、越南等國 在近年都相繼推出高鐵建設計劃，升級國內的鐵路網（表 4.1）。中國方面，它提供東南亞國家一系列相對優於日本完整的解決配套，包括承造工程、合作框架以及融資方案。中國與日本的官方與民間頻繁派出代表團與運用當地利益集團展開激烈的遊說東道主執政黨。下表描述了中國和日本在東南亞的鐵路競爭，其中涉及到標準，包括成本考慮、貸款條件和高鐵系統。然而，與日本提供的配套相比，中國提供整體解決方案，包括火車的建設、供應、運營和融資，以降低成本和更好的融資條件。中國和日本也在新加坡—吉隆坡鐵路項目中爭奪主導地位。日本和中國政府官員以及來自鐵路行業的私營部門高管一直在遊說馬來西亞政府和負責監管運輸部門的主要機構，以推動他們各自的議程，以建設350公里的連接線。

2015年10月，中國在印尼成功壓到日本，最終贏得55億美元的訂單，負責雅加達—萬隆高鐵建設及運營。2016年8月，泰國政府最後決定捨棄中國，轉與日本國土交通省簽訂「曼谷至清邁」高鐵項目，該項目將採日本新幹線軌道系統，日方也將提供鐵路沿線規劃指導和技術指導等「配套優惠」。2015年12

表4.1  中日在東南亞國家的鐵路競標項目

| 國家 | 路線 | 距離 | 市值 | 結果 | 現狀 |
|------|------|------|------|------|------|
| 印尼 | 雅加達—萬隆 | 142公里 | 55億美元 | 中國得標 | 2015年10月,已啟動。 |
| 馬來西亞、新加坡 | 吉隆坡—新加坡 | 350公里 | 110億美元 | 未有結果 | 2015年,洽談中。2018年,馬方提出延後,並向新加坡支付賠償,並將於2020年重啟合作協議。 |
| 泰國 | 曼谷—清邁 | 700公里 | 420億美元 | 日本得標 | 2015年,擱置中。2016年6月,由日本獲得該高鐵建設項目。 |
| 泰國 | 曼谷—芭堤雅 | 220公里 | 74億美元 | 中國得標 | 2019年10月,正大集團(Charoen Pokphand)牽頭的財團,其中包括中國鐵建股份有限公司簽署了一項建設高鐵的協議。 |

月,以「中泰政府間框架協議」中泰雙方同意組建合資企業,就列車、運營維護和部分工程建設進行投資「廊開—呵叻—耿奎—瑪它普和曼谷—耿奎」鐵路,全長845公里,設計時速達到180里,實質性就是推動泛亞鐵路建設進程。到了2016年3月,泰國政府宣佈了泰國將修建曼谷—呵叻線路,長352公里、最高時速250公里高鐵,且泰方將獨立融資、不再謀求中國的資金支持。

在2013年,馬來西亞與新加坡兩國宣佈將會興建一條連接吉隆坡與新加坡的高速鐵路,又稱「隆新高鐵」[3]。從吉隆坡到新加坡現有的火車服務需費時11小時。若是乘車也需要至少5小時。縮短兩地交通時間的高鐵工程案,最早於2013年由新加坡

---

3. 「隆新高鐵」是一個複雜的跨境標案,除了涉及馬新兩國的邊境管制;另一更重要的就是「協調問題」,尤其是兩國政府介入時,就必須決定建造成本與畫線的分擔,最終兩國在邊境無縫接軌,而這個必須在某一點上會合。

首相李顯龍和大馬前任首相納吉一同公佈，但兩國在2016年才正式簽訂合約，着手進行該工程計劃。同時，日本和中國的政府官員積極到馬來西亞及新加坡遊説兩國政府在「隆新高鐵」的標案。「隆新高鐵」早已被視為泛亞鐵路的延伸，對中國的地緣攀枝戰略意義非常高，它在與日本爭奪馬新高鐵計劃已是「只許勝不許敗」的戰役。 不過，馬來西亞在2018年5月的政黨輪替改變了這項重要工程。馬來西亞首相馬哈蒂爾在2018年5月認為該工程太昂貴，且相對利益在於新加坡，因此表示將取消隆新高鐵工程案。馬方在2018年9月因計劃延宕支付新加坡約1,080萬美元，將「隆新高鐵」延後2年至2020年5月底，並計劃在2031年1月開始提供服務。

## 中日對外官方發展援助

對外官方發展援助ODAs是扶助東南亞各國發展的重要資金來源之一，同時也是傳統的外交政策運通的重要政策工具之一。在大湄公河次區域經濟競爭加劇的情況下，中國和日本都參與緬甸的大型經濟特區項目。值得持續關注的是，日本在2015年提出的5年110億美元基礎建設投資倡議、7,500億日圓湄公河援助計劃與緬甸經濟特區投資案等，都顯示日本對東南亞，特別是中南半島、湄公河區域的地緣政治與經濟戰略。正當中國崛起之際，中國也加碼投入更多的ODAs到中印半島，包括大湄公河次區域（Greater Mekong Sub-region, GMS）經營地緣戰略的項目。2014年，中國總理李克強在第九屆東亞峰會上宣佈中國國家開發銀行還將設立100億美元的中國－東盟基礎設施專項貸款。這些舉措都有助於加快地區互聯互通建設。

日本則考量自2014年泰國軍事政變後，臨時政府不斷向中國靠攏，投資經濟特區有助提升在該地區的影響力，而跨國物

過去十年，日本在東南亞國家深植的區域關係與經濟利益受到中國崛起的挑戰，令日本政府近年更積極介入東南亞的區域事務，遏止中國持續增長的地緣影響力。

流的完善亦有利於在泰國的日企，並帶來投資基礎建設的龐大商機。2015年，東京承諾向湄公河地區提供價值67億美元的經濟援助，作為其將日本和亞行基礎設施項目資金增加25%的計劃的一部分。另外，日本政府向菲律賓提供了一系列ODAs，包括小水電開發項目、馬尼拉大都會交匯處建設項目和卡加延德奧羅河洪水風險管理項目，提升了菲律賓當地的運輸和災害管理項目。日本不惜成本地支援菲律賓的基礎建設項目不外乎與中國在東南亞的較勁，同時也為身處菲律賓當地的日本電子和機械製造商降低他們因天災與運輸不繼帶來的商業風險。

中國一直以來都是仰光最大的貿易夥伴和投資者。緬甸在地緣條件上經常被視為是中國傳統的「後院」，而緬甸軍政府長期與中國北京維持相當密切的地緣戰略夥伴關係，再加上緬甸受到國際經濟制裁的同時亦依靠中國的經濟支援與邊境貿易。

圖4.2 緬甸開發中的三個經濟特區位置

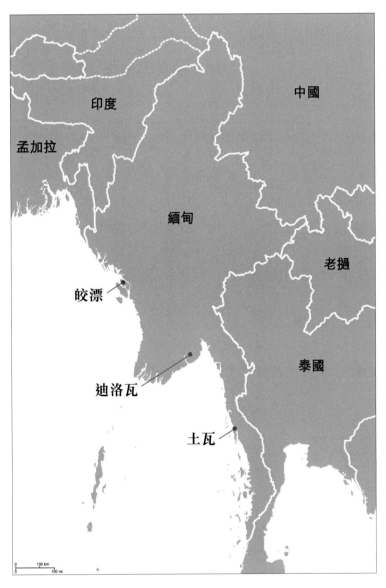

不過在2011年，緬甸從軍政府過渡到憲政政府，因此開放了緬甸的經濟與對外聯繫，西方國家隨之逐步放寬對緬甸的經濟制裁。日本亦隨着歐美的外交腳步，積極入駐緬甸的經濟發展藍圖，鬆動了中國長期佔據緬甸經濟開發的角色與地位。日本通過協助ODAs方式支持緬甸投入基礎建設，並開拓有利日商投資的項目。緬甸藉參考中國深圳特區經驗，在境內設立了三個經濟特區，包括位於仰光的迪洛瓦（Thilawa）經濟特區、緬泰邊境的土瓦（Dawei）經濟特區及銜接中國雲南—緬甸石油氣管的皎漂（Kyaukpyu）經濟特區。皎漂經濟特區是中國在緬甸集中投資的項目，包括石油工業、港口及鐵路等投資。另外，土瓦與迪洛瓦則是由泰國、緬甸、日本等國投資；當中尤以土瓦最為矚目，除了是佔地兩萬公頃的最大經濟特區外，其地理位置可作為對印度、中東地區出口的基地，貨物將不需繞道馬六甲海峽而大幅降低運輸時間與成本，對於整個東南亞區域整合產生不少的物流方面的影響。儘管土瓦有潛能成為印度洋和太平洋之間區域供應鏈的中心，但目前的客觀條件尤其是軟體建設不足及地緣角力的問題仍是很大的未知數。對於這樣的區域整合，泰國在地理和經濟發展前景上將是最大的受益者。如此效應與克拉海峽的開鑿相類似，同時引發馬六甲海峽周邊國家的顧慮，尤其是馬來西亞、印尼及新加坡；倘如類似的開發項目成功實踐，新加坡的物流樞紐地位將受到嚴重的影響。

儘管日本通過一系列競爭政策削弱了中國在中印半島的影響力，但仍不足以撼動東南亞國家脫離中國的勢力圈。反之，日本積極介入東南亞的區域事務，明顯使得中國得付出更多的成本來爭取東南亞國家的支持，藉此維護中國在區域的影響力。然而，對於中資而言，面臨更多來自於當地居民抗議環境破壞的挑戰，對當地投資所造成的社會成本是受到詬病的，這也將使得中國投資「污名化」，列為不受歡迎的外來直接投資與有政治動機的投資。

表4.2 緬甸三個經濟特區比較

| 經濟特區 | 迪洛瓦 (Thilawa) | 土瓦 (Dawei) | 皎漂 (Kyaukpyu) |
|---|---|---|---|
| 地理位置 | 仰光以南23公里 | 德林達依省南部 | 若開邦西部 |
| 規模面積 | 2,400公頃 | 20,000公頃 | 1,700公頃 |
| 主要發展商 | 緬甸與日本 | 緬甸、泰國與日本 | 緬甸與中國 |
| 合作模式 | Myanmar Japan Thilawa Development 由日本官民出資49%，緬甸政府和民營公司出資51%。 | 由泰商Italian-Thai Development公司承建，但因計劃資金不足，後由緬甸、泰國及日本官私方平均持股。 | 以特許經營方式開發建設和運營，其中中方佔股70%，緬方佔股30%。 |
| 目標產業 | 輕工業、消費品與製造業。 | 首期: 勞力密集產業與中重工業業。 | 石化業、加工業及物流業。 |
| 發展階段 | 2015年已投入營運。 | 項目時間自2015年至2022年，為期7年，2015年啟動並因資金問題而重啟協議，日本加入該投資項目。2018年首期工程已初步投入運作。 | 分三個階段實施，預計2038年完成。第一期已在2016年啟動。 |
| 具體優勢 | 位處境內最大城市，充足的勞動力。 | 位處緬泰邊界；面向安達曼海的港口條件。 | 已有鋪設的石油天然氣管線網路；面向安達曼海的港口條件。 |

備註：*土瓦經濟特區原計劃由泰商Italian-Thai Development（ITD）公司承建，但因計劃項目太大、資金不足而陷入停滯。
資料來源：作者彙整自香港貿易發展局發佈之緬甸的經濟特區（201*）。

# 東亞區域整合的隱患：南海火藥庫

在地緣上悉數一下，從「朝鮮半島」一直延伸到「南海」地區，東亞就佔了全球六個火藥庫中的四個，而且各個都與中國有直接關係。或許我們可以這麼說，要在東亞地區進行完整有效的區域整合的前提就有必要先卸除這些所謂的「火藥庫」帶來的威脅。南海水域是該地區最具爭議的水域之一，中國、汶萊、馬來西亞、菲律賓和越南推動各自的領土主張。

中國不斷增強的權力和影響力已經改變了東亞的戰略平衡，並極大地推動了中美戰略競爭，反過來又加劇了南中國海的緊張局勢。隨着與日本在釣魚島（日本稱尖閣諸島）的領土爭端，中國在南海的影響力隨着不斷增強的海軍力量而進一步掌握戰略優勢，對日本的海上生命線（指馬六甲海峽至日本海之間水道航線）起着戰略性遏制作用。同時，南海局勢的掌控權與變化皆對日本的「對中戰略」部署產生衝擊性的影響。在「中國威脅論」的發酵背景，加上中國自製航空母艦「遼寧號」下水服役以及中方在菲律賓海域附近建立人工島等導火線，引起東盟國對其所簽署的「東盟TAC」及「南海行為宣言」存在質疑與不滿的。

　　就當權力不對稱結構下，周邊國家也基於無法對抗中國，既不能把所有的雞蛋放在任何單一權力的籃子之中。長期維持東亞穩定的美國霸權也沒有坐視不理，反而藉東亞國家的安全需求而伸出美國的外交戰略。然而，這與東南亞區域國家一直強調的「不干預」原則卻是背道而馳的，使得東盟不得不作出調整，個別的東南亞國家也只能盡所能避免讓所謂的外部勢力直接干預國內事務。

　　隨着日本安倍晉三政府採取進取的東海政策，積極推進日本在「魚釣島」（日方對釣魚台的名稱，Uotsuri-shima）的主權行為，引來了中國的嚴重抗議。日本除了在「東海」的釣魚台，還借菲律賓之手間接加入「南中國海」的主權爭議，包括支持菲律賓與越南按國際法處理南海議題，提升圍繞南海問題與中國發生對立的菲律賓的海上巡邏能力，向菲律賓提供10艘巡邏艇，此舉明顯在加劇區域的軍備競賽與軍事衝突的可能。中日之間的歷史包袱與利益矛盾藉由南海爭端全面爆發，使得東亞區域主義及整合進度再次陷入另一個漩渦。

美國在當年日本戰敗後的接收日本程序上，刻意以「釣魚台」的行政權屬留下伏筆，意在日後藉此作為穩定東亞區域安全的棋子之一。如今，美國為了平衡中國在亞太地區的影響力，不僅挑起中日兩國在釣魚台主權爭權，更慫恿日本介入中國與東南亞國家之間的南海爭端。

## 誰是南海的玩家？

南中國海的領土爭端拉起了地區安全警報，各國也已重新檢視與中國的相互依存關係，尤其是日益增長的區域內經濟相互依存性。東盟國家在面臨南海的安全困境時，已經主動向美國的外交政策靠攏，尋求一種避險策略，以分化對中國的經濟依賴度與國家安全層次的需求。因此，南海爭端很大程度上受到中美關係與中日競爭的影響。

在南海的地緣棋局上，究竟制度途徑能否有效在無政府狀態下實施一個各國遵守的治理框架？那是誰做「莊」，誰又是「閒」呢？不過，國際現實卻告訴我們，美國就像在自己國家外的南海「做莊」，而看似南海「莊家」的中國卻被視為大玩家，其他的當事國也就算是周邊的小玩家。

### 菲律賓

首先，當事國領導人的交替或政權輪替是南海主權爭議與區域安全的變數之一。當然，美國與日本被視為南海主權爭議的「煽風者」，鼓動着菲律賓與越南等國透過外交途徑要求中國退出各國在南海領海的邊界。以菲律賓為例，從前菲律賓總統阿羅約到現任的杜特爾特總統都出現迥然不同的對中政策。

時任總統的阿羅約是第一位在崛起後敲開中國大門的菲律賓政策制定者。當時中菲兩國在2004年簽署了國防合作諒解備忘錄，中國還向菲律賓提供非致命性軍事援助與軍事裝備。阿羅約在2007年還宣稱中國是「一個非常好的大哥」。到了阿基諾三世就任總統時，他將南海爭議帶到海牙特別聯合國仲裁法庭國際法院進行仲裁。阿基諾政府積極尋求其他東南亞國家的支持，力圖拉攏東盟各國與菲律賓站在同一陣線。為了因應中國可能實施對菲的潛在報復，阿基諾三世吸引日本的投資和安全支持。到了現任的總特杜特爾特，他完全轉折前任政府對中國和南中國海的立場。杜特爾特決定讓菲律賓更接近中國，因為他們了解到其他東南亞國家正在試圖在不同程度上加強與中國的經濟聯繫。另一方面，杜特爾特直率的領導風格是明確要求「美國軍事」離開菲律賓本土。從這一點不難看出杜特爾特會推行一個減少依賴美國的外交政策。

## 越南

越南國內對中國的立場就有細分南北兩派，北派為相對傳統的社會主義派，跟中國與俄羅斯較為親近；南派為激進改革派，效仿美國和西方。越共總書記阮富仲屬於親中北派，而其總理阮晉勇則是親美南派的典型代表人物。近年，越南國內兩派勢力鬥爭日趨白熱化，南海爭端也變成政治鬥爭中的其中一個「戲碼」，分別代表不同的利益與立場，尤其是「對中政策」與「對美政策」爭持不下。在國家利益的前提下，越發強大的中國給越南政府帶來很大壓力。親中北派的越共是舉棋難下的；相反的，親美南派則利用不同誘因與美國的聯繫。美國一直在鼓勵東南亞國家在中國崛起之際維護自己國家安全，越南的安全需求是符合美國的策略，因此雙方是彼此在戰略部署與合作是相互契合的。2006至2016年期間，親美南派時任越南

越南國內親華及親美兩派鬥爭日趨白熱化，南海爭端也變成政治鬥爭中的其中一個「戲碼」，親美南派更有意向美國開放金蘭灣。圖攝於2012年6月，美國國防部長訪問越南軍事基地金蘭灣。

總理阮晉勇以民族主義的旗幟，被外界質疑暗中支持國內的民族主義情緒、抵制中國貨、掀起排華的示威與騷亂。而早前越南在金蘭灣修建了一座新的國際港口，有意向美國開放金蘭灣，為美國解除對越南的禁運提供另一個誘惑。到了2016年，越南國家領導層進行交替，由被視為北派的阮春福出任總理，並以較為緩和之姿處理與中國在南海的爭議，主張通過對話協商妥善解決爭端。與菲律賓類似的狀況類似，東南亞國家領導人的交替的確改變了對中政策取向，同時也反應出該變化是區域穩定重要變數之一。

## 馬來西亞

馬來西亞就選擇直接避免與中國公開對抗的策略而採取「相對沉默」態度。這裏有個前提是，馬國領導人認為中國最

終不會使用武力或威脅到馬來西亞的主權。這一點是有別於越南與菲律賓在領土位置與歷史因素的形勢不同。相對於馬來西亞與中國之間雖然存在南海部分島嶼的主權上爭議，所幸並未對馬中兩國的政治與經濟產生直接的衝擊。在2014年，馬來西亞前首相納吉到訪中國，並與中國國家主席習近平認同兩國要密切合作，而就南海問題表態有關聲索國應該通過直接溝通、對話，妥善處理分歧的雙邊機制。馬來西亞旨在通過拒絕發表任何可能引發北京報復的言論和行動來改善與中國的關係，並圖通過與其最大貿易夥伴（中國）的深化經濟相互依賴。2015年，馬來西亞與中國開展聯合軍事演習，以支持兩國的友誼和戰略合作。2016年，馬來西亞國防部長希沙姆丁回答約有100艘中國漁船侵入馬來西亞海域彈丸礁（Luconia Shoals，馬來西亞稱之為Pulau Layang-layang）周圍地區時，刻意降低國家主權領土被入侵的意識，並稱馬中兩國可以「雙邊解決」。美國的亞洲「再平衡政策」，讓中國政府充分認識到維護「中馬關係」的重要性，使得中馬兩國能始終堅持「求同存異」的開放態度。對於美國而言，其「聯馬抗華」已不適用，畢竟馬來西亞在安全問題上也不像菲律賓和越南那樣高度依賴美國。

馬國因此不會跟美國走得太近，也不會在中美之間直接選邊站，而是會在中美之間維持較為平衡偏中的「槓桿效應」。正是如此，馬來西亞就是遊走在東盟與中國之間的合縱連橫策略之中，進一步確保馬國在強權之間的戰略槓桿。馬來西亞在南海佔據的島礁並不比越南及菲律賓多，但卻算是在南海問題上運用「合縱連橫」用得不錯的國家。例如馬來西亞政府直接在爭議的島礁上開設度假村與部分軍事設備，讓外國旅客認為所到之處就是馬來西亞領土。

中國的崛起改變了東亞的地區安全架構。中國海軍在南海實施的深海戰略反映了中國在該地區的核心利益。「槓桿作用」增強了北京在東海爭端和區域領導競爭中的戰略地位。

圖4.3 中國對南海主張的U形九段線圖

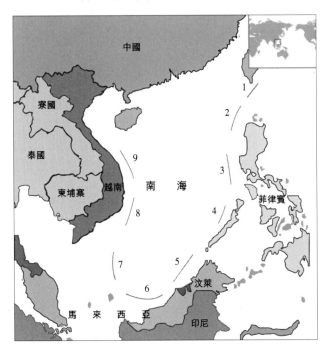

中國對南海的主張屬於「U形九段線」[4]，覆蓋了大約80%的海域。為了解決對南中國海的競爭主張，中國的「U形九段線」或參與國的「各自主張」都可以回到雙邊圓桌會議。或許最好的解決方法就是以「東盟」方式與中國開展合作，而非各自採取雙邊國家單獨交涉。對於中國而言，這也是北京最不願看到的形式，一旦涉及國家採取合縱方式對抗，勢必為中國的外交造

4 九段線是中國當前對南海海域權益邊界的一種畫法。中華人民共和國沿用1948年「南海諸島位置圖」，在管轄南海的過程中對斷續線進行適當調整，逐步形成在南中國海裏有九條斷續線組成的U形線，通常稱為九段線。九段線區分了南中國海與中國南海，按順時針位置，分別包括：1、巴士海峽；2、北呂宋海槽；3、馬尼拉海溝；4、南沙與菲律賓之間；5、南沙海槽；6、南沙與馬來西亞之間，曾母暗沙南面，是最南的一段；7、南沙與印尼納土納島之間，最西的一段；8、南沙與越南之間；9、西沙與越南之間。

成更大的壓力。自2016年起，時逢越南政府換屆、菲律賓政府政黨輪替，以及馬來西亞都傾向中國靠攏並與之合作，而不是訴諸對抗。依據這些當事國各自的特點，杜特爾特、阮春福及時任馬來西亞首相的納吉到現任首相的馬哈蒂爾，他們的對中政策是「清楚中帶有模糊」的彈性戰略，至少可以詮安全層次上產生決策困境與降低矛盾的程度。

# 5

## 東亞區域制度整合
主導權與規範

當下的國際秩序都因應國家發展與詭異多變的趨勢與國際建制有所改變。而經濟自由化最終也回歸到一套由集體安全及霸權穩定兩大支柱所撐起的全球秩序。絕大部分國家都相信可以透過國際規範（International Norm）的建立來改善個別國家在既有的國際建制下維護國家利益以及共同應對全球治理的議題。

　　西方價值與美國價值是否符合東亞國家的價值與地緣原貌呢？在懸殊的實力對照下，區域小國或中等國家明顯不足力抗美國而接受美國的支配。對於東亞最具實力，也曾是歷史上的區域霸權——中國，此刻是否合適改變過去30年的「韜光養晦」，建立一個對抗美國並以中國為中心的東亞區域秩序呢？作為東亞另一個經濟與軍事大國的日本是否甘願服從於美國或中國旗幟下的秩序規範呢？

　　當前的國際關係，已經是個新的動態。在這個新狀態下，國家間是「複雜互賴」（Complex Interdependence）不斷深化，大國之間也將彼此的對弈棋局拉到一個多邊建制的棋局，使得無論是大國或小國之間很自然地存在一種複雜互賴關係，交織在區域事務之中。尤其係亞太經濟整合趨勢下，多種貿易條件與規範亦出現不少差異，就此引發多元且重疊的國際規範或成各國討價還價，或利益交換的平台。因此，於此更多的討論聚焦在國際間的合作與互賴基礎。大國不能或缺小國，小國則夾縫生存。

　　如前所述，秩序與國際規範是當前維護國家利益的最大法器，也是將紛爭與亂序納入在一個框架下解決，同時也是被默認的「遊戲」結果。遊戲的規範制定者（Norm-maker）就是大國的權力來源，同時也是維護國家利益與集體利益的對外政治工具。今天的制度，支撐了大國掌握的權力與其他東亞國家之間的安全困境和經濟相互依賴。同理，制度的存在也呼應了

較小的國家的利益與生存的需求，也符合大國在制約下的主導權，是在體制內各取所需。制度，可以將可能產生的矛盾與衝突約束在集體利益的框架，結果盡然或不讓各方滿意，但制度卻可減少潛在風險對集體國家構成威脅。

打個比方，中國是頭剛甦醒的獅子，日本是頭沒爪子的老虎，美國是頭進取的禿鷹，三者共同維持着東亞這個「森林法則」，最終還是仰靠策略合作來各取所需。在多變的全球趨勢，加上東亞區域主義在東亞復興，區域整合與區域規範的檢視因此成了重要的議程。東亞國家要的「森林生態」，究竟是由獅子還是老虎來領導呢？美國這頭禿鷹卻遠飛到東亞高空監視着獅子與老虎相爭的一舉一動。東亞三強（即美國、中國和日本）之間的領導力競爭旨在闡明東盟弱勢國家在地區安全和經濟合作進程中起帶頭作用的條件。

東亞國家缺乏相互信任和區域性意識形態。在東亞地區主義中建立一個超國家機構幾乎是不可能的，但在東亞國家之間建立一個國家間制度是一個有利的選擇。看在國際關係學者的眼裏，或許他們會鼓勵國家「跟大隊」（即追隨策略）加入區域經濟整合的行列，否則就會被這股競爭式區域經濟整合所淘汰。然而，是不是跟大隊加入區域經濟整合的行列就沒問題的呢？答案卻不然。因為緊接下來的問題就是在這複雜的格局，國家應該選哪一邊？所以，在亞太地區的眾多的整合縱隊中，該選中國、美國、還是日本主導的經濟整合呢？會不會還有其他的解決方案呢？

## 東亞區域制度的型態

不斷演變的國際秩序加上歷史因素以及地緣戰略，已經將東亞國家交織在一層層的複雜網絡之中。東亞的區域制度也

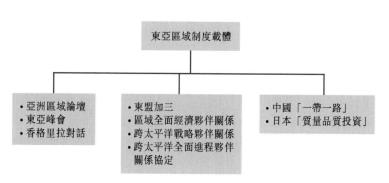

圖5.1 東亞區域制度載體

出現重疊的功能性載體，例如亞洲區域論壇（Asian Regional Forum, ARF）與東亞峰會（East Asian Summit, EAS）與東亞峰會二者聚焦的議程都頗為接近，且探討與合作主軸經常是「蕭規曹隨」，實際上是少了制度創新，而多了更多的內部競爭與對抗策略。ARF和EAS設立出自於促進區域安全合作，都邀請區域外國家參與東亞區域主義進程。這些倡議不僅製造「數量」問題，同時還製造更多制度治理和途徑的複雜性。當然，現存的制度制約框架或許尚不足防止衝突，但至少提供一個衝突的緩衝區，降低衝突進一步惡化或升級。東亞區域制度下的載體如東亞峰會與香格里拉對話（Shangri-La Dialogue, SLD）對東亞區域安全創造一種集體安全框架，透過多國將安全連繫一體，制約着可能發生武裝衝突的因子（圖5.1）。

ARF的主要目的是建立信任建立機制（Confidence Building Mechanism, CBM），由區域國家的國防部長和代表聚集商討區域安全與發展的會議，以及探索未來可能的合作領域。同樣的，ARF也存在一些治理與結構性問題，例如會員國數量眾多、體制結構過於鬆散、「不干預原則」加劇該地區的矛盾原則，以及

大國在體制內的角力加劇了整個東亞局勢的競爭氛圍。EAS秉承開放的區域主義，東盟邀請美國和俄羅斯的加入，試圖平衡中國對東亞安全架構的影響，並將區域安全框架擴展到東盟加六（ASEAN Plus Six, APS）。中國戰略性地利用貿易和對外援助作為經濟國家，以獲得東盟大陸成員國的政治支持，並確保日後可能在南海發生衝突的對應戰略措施之用。EAS有其存在的意義在於過去的經驗反映出東盟與中國之間的「友好合作協定」（Treaty of Amity and Cooperation, TAC）無法解決對中國威脅和南海軍事崛起日益增長的擔憂。而美國在東亞峰會中的成員資格，東盟成員接受美國在東亞的存在是一種軟性平衡戰略，以限制中國對該地區日益增長的影響，即通過EAS與美國與該地區的關係可以抵消中國的軍事實力。「香格里拉對話」針對區域安全的對話機制創造了一個平台，除了分享國防信息外，也促進區域國家之間的有效合作機制，以預防衝突風險。中國軍方近年也積極參與區域安全組織、軍事交流等軍事外交，試圖安撫周邊國家對中國軍事崛起的安全顧慮，尤其是軟化區域國家對中國在南海建設軍事設施造成的負面形象。中國將SLD作為其現代化和軍事力量的發佈平台，尤其是針對中國與區域周邊防務的熱點。例如，2010年中國國防白皮書明確提到中國自2007年以來一直將此類對話作為參與區域安全合作的論壇。

　　大多數東亞國家都祭出不同的優惠措施與競爭對策因應全球化與經濟區域化的兩大趨勢。區域貿易協定強調協調區域貿易協定中的競爭標準和規則，並規範具有特殊和專有權的壟斷企業和企業的執法和待遇。「東盟加三」APT在清邁協議的框架下誕生的，尤其是東盟與中國、日本及韓國透過CMI貨幣互換協議安排所建立更密切的整合關係，進一步為東亞的金融和貨幣合作提供了框架，同時維護該地區的金融穩定性。其次，匯率政策也是APT的另一個支柱，貨幣貶值為出口先創造前提優勢，倘若各國仿效跟進，是足以影響區域貿易流的流向。中國

在崛起過程中，除了面對既有美國霸權的遏制外，同時面對日本在東亞區域制度的競爭，特別是在「東盟加三」的機制。隨着馬來西亞這個東盟重要國家在2018年首次實現政黨輪替，對東亞的地緣政治產生不小的漣漪效應。馬哈蒂爾在2018年「亞洲的未來國際大會」上發表專題演講時，重新倡議成立EAEG，借由這個區域集團跟其他集團和強國如中國談判。馬哈蒂爾的外交方略中發現，由始至終他認為東亞國家不僅是遠東國家，一些中亞國家和印度，都有必要鄭重考慮成立EAEG。

## 跨太平洋夥伴關係

「跨太平洋夥伴關係」（Tran-Pacific Partnership Agreement, TPP）是數年前倡議的一個超級自由貿易區集團，其覆蓋12個環太平洋國家，年總產值約為全球國內生產總值的28兆美元，約佔世界商品貿易的25%。TPP的前身是P4[1]，其主要內容是成員國之間彼此承諾在貨物貿易、服務貿易、知識產權以及投資等領域相互給予優惠並加強合作。到了2009年，美國奧巴馬政府決定不與亞洲國家進行雙邊自由貿易協定，轉而「借殼上市」將資源劃入到TPP的談判框架。TPP同屬一個高質量的優惠貿易協定，無論在勞動法、環境保護和知識產權等幾個領域幾乎都以高制約性的條款開展自由貿易的措施與實施。除了對貿易談判表和區域主義的競爭受到外界關注外，有四分之一的TPP成員國同樣在國內受到這個所謂高標準經濟規範的挑戰。從美國利益起點，TPP是有利的。美國參與TPP也反映了其自2007年以來通過出口政策降低國內失業率的目標。

---

1. 即TPP早前是由汶萊、智利、紐西蘭、新加坡四國協議在2005年5月28日發起「跨太平洋伙伴關係」並簽訂生效的經貿協議。

TPP協議最終於2015年底達成初步協議，但隨着美國特朗普政府在2017年簽署退出該協議，而目前改由日本的安培政府繼續推動。與此同時，當下的日本首相安倍晉三卻是渴望藉由TPP來主導東亞的經濟秩序，而事與願違的事實就是一個沒有美國的TPP終究是孤掌難鳴。東亞的政治原貌畢竟是複雜度高的地區，無論在政治、社會、文化、經濟等暫且做不到像歐盟那種超國家主義的區域融合，但卻有可能做到「合作共贏」的區域經濟整合。如何合作與共贏就取決於中國與日本兩國了。

## 跨太平洋夥伴全面進步協定

美國總統特朗普於2017年1月23日由簽署了行政命令，宣佈退出TPP。TPP其餘11個成員國於越南峴港的APEC領袖會議期間發表聯合聲明，將TPP改組為「跨太平洋夥伴全面進步協定」（Comprehensive and Progressive Agreement for Trans-Pacific Partnership, CPTPP）。2018年3月8日，澳洲、汶萊、加拿大、智利、日本、馬來西亞、墨西哥、紐西蘭、秘魯、新加坡及越南11個國家共同簽署協定，該協定並於2018年12月30日正式生效。CPTPP條約規定的內容包含貨物貿易、消除技術性貿易壁壘、政府採購、衛生和植物衛生措施、原產地規則、服務貿易、智慧財產權、貿易救濟措施和競爭政策等，目前11個成員國的GDP佔有全球的13.3%，人口則佔世界人口的6.8%。

作為CPTPP主導國的日本，在關稅方面並沒有承諾完全免除關稅，零關稅涵蓋的範圍比例約96%，但其餘會員國基本上均承諾達到100%零關稅。相較於TPP較寬鬆的關稅減免：關稅並不一定要完全消除，部分產品減低關稅即可。在美國的亞太地區影響力式微下，我們至少可以做出短期的推論，即日本在

美國總統特朗普上任後即履行競選承諾，簽署退出「跨太平洋夥伴關係」，並稱此舉「對美國工人是好事」。

特朗普執政期間或可再次作為美國在東亞的直接「代理人」；同時，CPTPP缺少了亞太區域整合最重要的中國與美國的支持，勢必面臨更大的挑戰，尤其是中國崛起已經撼動了區域整合的佈局，包括中國提出的RCEP與優化FTAAP兩大巨型貿易區。

雖然CPTPP是TPP的最終產物，不過TPP仍是可能再次成為美國加入亞太區域整合的載具，尤其是如果美國總統出現政黨輪替或領導人的外交佈局轉向。目前的種種跡象顯示美國特朗普政府依然堅持以「雙邊途徑」（Bilateral Approach）與他國進行貿易談判，與中國進行的「中美貿易戰」、退出美國盟友支持的TPP」以及暫緩與歐盟的「TTIP」就是顯著的例子。或許美國總統特朗普堅信「雙邊才是最節省時間且最有效的途徑來成全美國的「國家利益」，不再執着於美國在TPP的戰略利益。

## 區域全面經濟夥伴關係

「區域全面經濟夥伴關係」RCEP倡議是在東盟框架下引入的。RCEP所創建的是一個成員國約佔全球人口的45%，佔世界GDP的30%以上的貿易集團。這種夥伴關係旨在通過允許特殊待遇或不同的逐步實施階段，將諸多既有的雙邊協議轉變為多邊合作安排，並滿足各國比較實在的需求。另一個吸引東南亞國家對RCEP興趣濃濃的原因是其設定標準的門檻較TPP低得許多，尤其在市場准入原則與稅率降低分階段實施。這些標準對於絕多數屬於發展中經濟體更容易接受RCEP的制度條款。儘管RCEP代表了東亞多邊合同貿易協議，也是符合較低標準的區域整合制度，與此同時也同樣出現一些結構性問題。這些結構性問題還是集中在RCEP各會員國之間存在高同質性的出口市場與產業結構，因此衍生的同業競爭與出口重疊的市場，以致在「原產地原則」與「配額條款」的談判過程難以達成共識。其次，RCEP多數國家是發展中國家，但也因各國的工業化與經濟發展水準不同，而產生「此消彼長」的效應，外來直接投資與產業鏈整合的矛盾現象。

## 制度叢生：意大利麵碗效應[2]

制度可以通過防禦性、積極性和替代性區域化來響應區域內國家的需求。首先，新的制度創建必須考量如何因應來自外

---

2. 意大利麵碗效應（spaghetti bowl effect）主要說明區域的或雙邊的優惠貿易協定，統稱特惠貿易協議下，各個協議的不同的優惠待遇和原產地規則就像碗裏的意大利麵條，一根根地絞在一起，其中貿易規則複雜的程度與部分具有保護色彩的措施，對於多邊貿易體系可能有負面的影響。

部因素的干擾或影響，例如「東亞共同體」的建立是否對既有的國際體系與地緣秩序構成影響，尤其是美國在東亞的戰略利益。倘若對既有的利益關係者構成威脅，其自然會採取各種途徑進行干擾或對抗，形成「東亞共同體」的政治壓力，甚至個別國家經不起壓力測試而使整個制度創建胎死腹中。參與多元的國際制度畢竟是東亞小國的外交出路，因為小國必須透過參與國際多元的集體機制來維繫微小國家的利益，尤其是將國家安全「押注」在集體安全與戰略合作基礎。新加坡、汶萊與韓國都是典型的活躍於參與國際建制與區域制度的小國。

各種自由貿易協定和制度安排可以針對共同問題協調，但系統性的複雜程度使得這種協調的結果變得很不確定。鑑於這些體制安排的脆弱性，有必要由有實力的大國來負責斡旋東亞國家之間的衝突。這也是區域一體化所強調的效率，盡可能合併或降低重疊的制度安排與不符合東亞經濟特性的經濟規範。

東亞地區的區域一體化進程是重疊的，如果一些東亞經濟體拒絕參與，就會產生被邊緣化的危機。然而，這些制度重疊的過程，實際上是持續增加各國在談判與互動的交易成本，而最終是否有成果仍是未知數。當中，有些國家必然為切身利益而在談判回合上僵持不下，致使談判進程緩慢，到最後又可能是無疾而終。所以，制度叢生表面上是多元且開放，唯獨這些制度的數量或存在矛盾與競爭，制度效率更是難以衡量。

東亞國家或經濟體都想藉制度性整合的途徑來輔助、治理與區域大國的經貿互賴及功能性整合，且適用於由機制與互信逐步建立良性的互賴關係。區域整合着重規範性的假設，國際間是深信西方那套「互賴」可以集體力量的領導模式，即賦予強國的「相當力量」又約束一定的「會議室」，以讓國際秩序劃定在一定的框架，降低國際間的「不確定性」及軍事衝突的可能性。

圖5.2 亞太地區主要區域整合組織

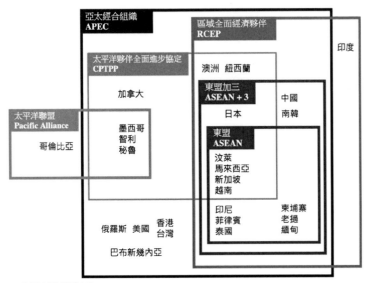

資料來源: 筆者自繪

　　圖5.2是亞太地區主要的區域整合組織，其中涉及多個經濟整合建制，包括金融、貨幣、自由貿易協定等多邊合作機制。在近年的亞太區域整合趨勢中，焦點依然集聚在東亞地區，這些密集整合網絡進一步深化彼此間的互賴關係；同時也揭露若被區域整合組織所排除則將面臨「邊緣化」的危機。其次，多國在亞太地區達成的多個多邊自由貿易協定逐漸生效，當中亦有不少自由貿易協定的貿易條款與規範出現重疊及交織的問題，例如區域整合的生產鏈衍生的「原產地原則」就造成了「意大利麵碗」的局面，其次還有「關稅障礙」及「非關稅障礙」待會員國之間按約展開談判及開放。故此，多元及叢生的多邊制度交織在同一個「碗」中，不知從何着手？

儘管功能整合的趨勢日益明顯，但由於這些國家之間的情感衝突，東北亞國家之間沒有達成較為全面的制度整合協議。例如中日韓三邊自由貿易協定以及東盟會員國重疊的雙邊自由貿易協定。首先，「中日韓自由貿易協定」的GDP總值佔全球的五分之一以上，東北亞的貿易自由化勢必能加速亞太區域的發展態勢。雖然如此，中韓自由貿易協定的成功關鍵取決於戰略合作，尤其是政治合作。中國、日本和韓國在早前就已啟動，但是在2012年安倍繼任之後，中日關係惡化阻礙了它們的進展。迄今為止，日本、中國與韓國未能達成貿易協議目標。其原因在於中國、日本和韓國之間的情感衝突可歸因於他們在經濟、政治和外交事務中的強烈民族主義。強烈的民族主義優先考慮國家經濟利益而非地區利益。其次，這些國家經濟發展的差距加劇了中國、日本和韓國之間的競爭，而不是促進其相對強勢的地位。這些國家優先考慮其經濟利益而非區域經濟利益，主要集中在貿易不平衡和政策實施方面的獨立性。

## 東亞制度的治理框架與效率

　　2008年的全球金融危機之際，各國政府和全球機構都在商討如何修正現有的國際建制（International Regime），另一個關注的是究竟是各國與大國提供所提供公共財之間的互動關係是矛盾的，還是大難臨頭各自飛？然而，一個健全的國際建制也必須由大國主導，方能聚眾共同遵守國際建制與制度的規範。大國因此在維護制度的當下，同樣付出很大的代價與支出來提供免費的公共財，這樣才符合大國的長遠的利益。例如美國付出龐大的軍費來維持集體安全的國際建制，至少為地區的「火藥庫」降低衝突的風險，在東南亞的南海與東北亞的朝鮮半島和危機以及兩岸問題就是最明顯的例子。如何在既定的制度下，

妥善地維護東亞區域穩定往往需要由大國來決定地區可能爆發衝突的可控制範圍，也就是劃定所謂的「紅線」。

目前沒有單一且定義明確的東亞區域治理的空間，但是針對東亞區域的治理就有三個要素是必須強調的，即規範、行動者和機制。規範，它包括了制度框架下的公平、平等、社會公正和可持續性。作為一般的範式，制度方法總結了擬議的公共產品以及參與制度組織是各方所接受的規定與承諾。一些行動者參與治理形成，治理維持了具有不同目的和目標的廣泛行動者之間的協調和一致性。同時，區域治理在應對衝突的風險時，仍然存在三個談判分歧，即系統性摩擦、分配衝突和制度效率。就此，東亞區域主義的政府間合作是一種治理體制的重要基石。在區域治理中必須遵守一些先決條件，包括不干涉和尊重領土完整。東亞國家的政府間合作與融入區域治理的框架，涉及到對稱關係、議程設定與制度效率的問題。

## 制度效率：從「提出」到「坐下」

當前很多的國家已經對全球性機構組織的效率與功能失去信心，但也得無奈接受這種不對稱與圖利某方的運作機制。根據Keohane和Nye（1989）的說法，各國可能會利用相互依賴與政治行為有關的國際經濟關係作為政治討價還價的工具。眾多的小國在區域制度下，不僅擔心大國的權力膨脹不利於小國，因此小國必須在不對稱的制度結構中以集體行為來提升討價還價的能力。同理，大國也必須提供他的盟友或夥伴一個有利談判的空間，以維繫一個零和的雙贏的合作空間，盡可能不損及各自在制度內的合作或屬從關係。如果區域貿易制度能夠促進良性的競爭，那麼這些制度整合下的規模經濟將創造更多機會；

反之，多數小國若議價能力隨不對稱關係而式微，其在寡頭壟斷貿易自由化進程中預計將是受支配的不利地位。

東亞的議程設定的能力基本上都受到「中國因素」與「美國因素」推動的影響。議題密度，是側重於特定時間內針對某些議題一直爭議不休或亟待改善的方案，例如南海主權爭議被區域國家挑起事端或在出現在外交場合的議程上，該議題出現的頻率與不同程度的政治操作皆屬之。按目前東亞經濟態勢的發展，標準的制定（Standard setting）和鎖定戰略（Lock-in strategy）這兩個議程有望持續引導區域的發展。

作為一個全球性大國崛起之際，中國目前仍然在學習與適應現有的制度和規範。礙於中國在過去的僵硬與國內事務引發的爭議，中國政府清晰自己必須在國際體系重塑中國在世界舞台的國際形象，並反映國家的國家利益。鑑於多邊機構例如WTO與IMF，或多或少都服務於特定利益代表的國家為目的。因此，中國在國際秩序或制度內就必須擴大中國在外交、經濟與安全上的話語權及爭取長期被美日等國把持的議程設定。中國也在深研如何掌握議程設定與操作的藝術。例如，中國最近對東盟國家是採取了越來越積極的外交手段，特別是以ARF和APT的途徑來深化中國—東盟關係。再例如，中國曾成功說服2012年東盟主席柬埔寨阻止其提及與越南和菲律賓的領土爭端。時任東盟主席國的柬埔寨反對將北京對南海爭端的主張納入該峰會的聯合聲明，這也是東盟成立45年以來第一次的所謂的「意見分裂」。換言之，中國的影響力已經在東盟的制度途徑與「共識決定」發酵。在這些議程設定與議程密度上，中美日三國的外交動作近來都相當頻繁，使得東亞的秩序出現重疊的現場，尤其是中國與日本兩國都對美國特朗普的政策思維捉摸不著。這些因素都會為東亞一體化或區域主義發展帶來不穩定的現象。

制度始終在東亞區域經濟一體化進程中發揮着至關重要的作用。一般上，有效率的制度都具備高透明度、彈性與跨域網絡的優勢。畢竟，這些特性與功能不僅反映出制度治理的效率，同時也闡明組織制度的合法性。對於東亞區域國家更有責任提高其機構在處理地區事務方面的監管效率和合法性。雖然「共識決」是作為東盟的最高決策精神，不過在有些議題上卻是難以用規範或原則來限制某些成員國的國家政策；反之，「共識決」有時卻能為燙手山芋的爭議騰出一個「緩衝區」。例如數個東盟國家與中國現存的南海主權爭議的立場都不同，東盟這個機制提供一個共識就是「擱置爭議，共同開發」達成的「部分共識」，技術性地迴避了耗時耗力又難以妥協的主權爭端問題。「共識決」讓部分國家有了下台階的外交空間，待日後發展出解決區域安全衝突的具體措施。

## 制度整合的五股驅動力

像美國這樣的大國，經常都運用同盟與集團式對地緣政治延伸其勢力與橄欖枝，其中包括美國運用其軟實力與硬實力來收編隊友。二次世界大戰結束後，美國霸權在東亞利用輻射系統（Hub-and-spoke System）防堵中國。在東亞區域內，制度途徑圍繞着霸權穩定秩序而衍生出諸多的戰略部署，繼而引發一系列對東亞區域主義的制度性競爭。當大國之間的重疊利益仍然沒有得到解決，就此解釋了為什麼東亞地區主義主要是由「競爭因子」所導致的。東亞競爭區域主義的互動五力模型包括政治和安全方面的以下力量（圖5.3）。

圖5.3 東亞區域整合政治與安全競爭模型

## 制度領導權：樞紐輻射系統與中國崛起

領導權是指「規則制定者」及其對區域化過程的影響，市場監管涉及治理和再分配。制度建設過程中的一個重大挑戰在於如何協調參與成員的不同利益，決策者已經做出各種承諾來應對這一挑戰，這仍無法阻止或減緩中日之間的競爭。鑑於這些國家的歷史糾葛，中日關係仍未得到妥善解決，已成為整個地區最具競爭性的國策與關係。中國和日本的國家利益相互衝突，其他參與成員受益於這些國家之間的競爭。這些舉措也加強了東亞各國和機構之間的準則制定競爭。

## 運作途徑：雙邊與多邊

雙邊主義提供了一個高度靈活的合作框架，為美國提供了更大的槓桿和對盟友的控制。東盟在很大程度上降低了第三方

參與引起的衝突風險。雙邊交易很容易達成，因為雙邊談判表根據談判方的數量減少了談判進程的複雜性和困難。此外，使用雙邊方法穩定地緩解了身份和價值觀的障礙。中國是第一個加入東盟友好協定TAC的國家。TAC是東盟與中國之間雙邊互信基礎的重要依據，作為東盟和中國的國防與經濟部門積極克服南海主權爭議與區域經濟共同開發的外交途徑。中國近幾年在南海爭議是傾向於與當事國進行個別國家的「雙邊」談判，而不是與東盟進行「集體」談判。其次，減少參與談判者的數目，自然為談判桌上的共識或結果減低不確定性。這也解釋了為何東盟國家都甚少與中國或美國完成雙邊自由貿易協定的原因之一。

在多邊主義的背景下，區域機構與組織在規范國家行為方面發揮着重要作用，這使得它們朝着區域經濟發展的方向發展。對於一個區域規範，多邊主義被視為一項解決問題的途徑，旨在預防和遏制由一系列歷史和新興區域爭端和對抗所構成的區域混亂風險。其次，多邊主義也可以被視為一種保險政策，以緩衝該地區在當前全球經濟和安全環境中的流動。一般上，多邊途徑的支柱是不容易建立起來的，所以加強各國之間的共識和相互信任就顯得特別重要，也需要很長時間與更多的談判空間。成員國的數量和談判過程中涉及的複雜性，大大增加了區域化進程中的難度。尤其是東亞現存眾多的多邊論壇，各國都有不同程度的參與，這顯得東亞的區域制度框架與組織過於雜亂無章。

## 制度規範：TPP與RCEP

歷經近十年的「多哈回合」在WTO框架下，最終在各國持久僵持不下的狀態，宣告失敗收場。亞太地區簽訂的自由貿易

表5.1 RCEP與TPP之踪合比較

| 巨型自由貿易協定 | RCEP | TPP |
|---|---|---|
| GDP（按PPP購買力平價計算） | 22.6兆美元 | 28兆美元 |
| 世界貿易總量份額 | 28.40% | 25.30% |
| 人口 | 34.53億 | 8.05億 |
| 首先啟動 | 2011年11月 | 2009年12月 |
| 成員國數量 | 16個 | 12個 |
| 會員模式 | ASEAN-plus-X 模式 | 開放模式 |
| 主要承擔者 | 東盟主導模式，中國支持 | 美國主導 |
| 承諾門欄 | 較低貿易自由程度（關稅消除至約90%） | 較高貿易自由程度（關稅消除至約98%） |

註： *TPP 為新加坡、新西蘭、汶萊及智利在2005年最先發起的整個制度組織，實際上與2009年美國版的TPP是加強版之差異。

資料來源：作者彙整自WTO的2015年國際貿易統計年鑑；國際貨幣基金組織

協定數量從1998年的7個增加到2005年的31個。這數據反映在亞太地區的自由貿易協定是重疊的，區域制度也是叢生的，因此區域制度的整合目的就是解決上述的制度性問題的途徑，不過後來卻發展成某些國家變相爭取制度規範的制訂權。

對於支持一個國際制度與所謂的規範訂定權，自然需要投入很大的政治與經濟資源去吸引或說服其他主權國家加入一個以強權核心主導的國際規範。同理，在東亞區域經濟整合或一體化的議程也必然經歷如此複雜的政治與外交角力的階段。而在東亞地區的經濟主導權上，中國是以「挑戰者」角色與既有的「美國標準」進行競爭，逐而形成競爭性區域經濟競爭格局。

主導貿易談判的美國貿易代表總代表曾強調TPP的戰略價值與重要性，貿易規則的制定對區域（指亞太地區）是關鍵的

主導作用。諾貝爾經濟學獎得主斯蒂格利茨也重申TPP可以確定美國或中國之間，究竟誰將編寫21世紀的「貿易規則」。顯然TPP是一項有助於美國重新獲得其在東亞的地緣利益的政策。美國白宮裏的安全顧問團正希望擴大美國盟友的貿易與投資，去降低盟友對中國經濟增長市場的依賴。在某種程度上，中國或「讓利」一些經濟利益給其他RCEP成員，以支持RCEP的創建，以利用RCEP來抵消美國「亞洲再平衡」政策對中國帶來的影響（表5.1）。

基於種種跡象顯示，雖然美國退出TPP，而未有一個作為抗衡中國在亞太地區的經濟建制；CPTPP雖具相當規模，但未能單獨支撐一個缺少「中國」的區域經濟建制，因此我們有理由相信美國未來重新加入TPP或升級「新版TPP」的可能性相當高，畢竟美國在亞太地區不僅只有商業利益，尚有不少戰略利益的開發空間。因此，筆者仍以TPP與RCEP作為此書在區域整合的制度性主導權的競爭場。

TPP與RCEP這兩個超級自由貿易協定，以及一些國家（包括澳洲、新西蘭、汶萊、日本、馬來西亞和新加坡）都是這兩個協定的締約國，反映了該地區密集的經濟相互依存關係。這些所謂的高標準對於其他屬於發展中國家的會員國並非能概括承受的。TPP當中最引人關注的是針對TRIP的保護，有不少的TPP發展中國家在現實條件上是無法完全保護美國出口和消費者免受知識產權侵權。其次，美國通過制定開創性規則來確保與國有企業的公平競爭，這些經過精心構建的貿易壁壘與相關規範，也使得經濟結構以中小企業及國營企業為主的TPP國家難以招架規範下的競爭條款。第三，美國要求其貿易夥伴「採納和維護」符合國際規範的勞動法律和慣例，拒絕對實施影響貿易或投資的政策作出例外規定。RCEP談判過程遵循「東盟方式」，其中目標和承諾是基於共識制定的。這種方法也與TPP要求的「APEC式」和「WTO式」方法大不相同。

儘管中國是RCEP的主要推動者，但該國很少討論談判桌上的勞工標準和環境政策。在這棋局上，中國並沒有將自己定位為主導國，而是「反主為客」推東盟作為主導體，貿易規則需要各方協商。這步棋的另一高招之處，就是中國推舉印尼作為東盟之首推動RCEP進程，此舉不僅為「中國不爭強」加分，更為中國在中印關係加溫，讓印尼一掃過去在東盟裏的晦氣。[3]東盟有意識地保持其對外經濟關係的中心地位，通過與這些大國建立自由貿易區網絡，並以強烈的集體利益來維持參與區域制度的靈活性和公平待遇。無論在TPP或RCEP框架，我們不能排除部分東盟國家的回應是投機的；當中也不乏國家是選擇「買保險」，兩邊都押注，至少讓自己不處於劣勢的狀態，對策上又能左右逢源。甚至有時候還可以在強權競爭之間獲得更多的（外交）政策紅利。在TPP與RCEP的競爭中，以美日及中國兩個貿易陣營不斷為各自的區域貿易協定談判加碼，藉此吸納其他國家加入屬於自己的貿易圈。尤其是日本為了促成各國達成協議，同意凍結原先TPP中的二十項條款，而這些條款則是大多和勞工權益以及環境議題有關。在2016年，中國國家主席習近平在亞太經濟合作會議領袖會議上表示中國開放的大門「會愈開愈大」，並強調中國將推動FTAAP和盡早完成RCEP的談判工作，順理成章成了亞太地區貿易自由化的代言人。

## 制度載體：ADB與AIIB

亞洲開發銀行[4]（Asian Development Bank, ADB），是作為一個區域開發銀行，同時在區域合作與一體化進程扮演重要

---

3. 印尼是東盟之中最大的國家，也是GDP最多的國家。但是由於積弱的經濟發展及政局穩定因素，導致過去幾十年在東南亞區域事務經常處於「被動」的態勢，而東盟的話語權卻被新加坡及馬來西亞主導。

4. 在亞洲開發銀行的結構上，其三大單一投票權分別由日本（12.756%），美國（12.756%）和中國（5.442%）持有。

的推手角色。亞行自1990年代開始，就曾啟動區域合作政策（Regional Cooperation Policy, RCP），推動位於馬來西亞—新加坡—印尼的次區域整合的「增長三角」與湄公河次區域的發展項目。到了2005年，亞行總裁黑田東彥加強了該銀行對東亞RCP的參與程度，並與東盟和APT密切合作，與RCP、AFTA和APT共同面對如何為實現區域國家的變革與發展。亞洲開發銀行估計到了2020年，亞洲需要在其國家和地區基礎設施上投資八兆美元以支持區域各國增長。基於基礎設施的投資可以產生強大的經濟溢出效應，加上龐大的市場與投資潛力促使日本與中國在區域經濟發展展開另一輪的地緣競爭。

中國在區域一體化問題上挑戰日本主導的「亞行框架」。從2005年到2009年，中國也在亞洲開發了一項2,000萬美元的「中國區域合作與減貧基金」，以擴大中國其在亞洲地區的影響力。中國自覺在「亞行框架」下無法實踐中國崛起的需求與話語權；相反的，中國另起爐灶創建一個新的多邊開發銀行，與日本的亞行及國際貨幣基金組織展開融資貸款與基礎建設的地緣競爭。亞洲基礎設施投資銀行（Asian Infrastructure Investment Bank, AIIB）是一間新的多邊開發銀行，專門為亞洲的基礎設施發展和區域連通性提供資金支持。這個由中國領導的多邊機構涉及57個成員國。作為亞投行的發起者，中國試圖加強與東盟的政策整合和經濟合作，尤其是深化「泛亞鐵路」的網絡以及「海上絲綢之路」的地緣聯繫，二者皆是深化中國與區域在交通物流及經貿發展的整合。亞投行的設置不僅旨在保護中國的利益，而且還旨在提高其他開發銀行的效率，並將其作為跨國開發銀行融入到全球架構。對於AIIB制度設計與安排的鋪設皆由中國主導，因此在制度治理與保障政策都受到外界的關注。

由於亞投行在融資貸款的條件與標準都與亞行及IMF不同，對於其他國家則視為國際資金市場多了一個選項，而且這

中國發起籌建的亞洲基礎設施投資銀行，專為東盟的大型跨境基建項目提供資金，以助次區域發展。

個選項相對比較廉宜，因此開啟了一場AIIB—ADB—IMF相互競爭的國際資本融資戰。換句話說，區域國家有更多的「政治經濟選擇」，以便從亞行和亞投行之間的競爭中獲得發展融資。中國的AIIB與日本的ADB在海外基礎建設投資的共同點都是以「開發銀行」作為政策載具，並在東南亞地區的地緣競爭。前者主要關注亞洲的區域項目，例如連接一帶一路的鐵路，而後者則主要關注GMS等次區域項目。雖然亞行或亞投行所提供的公共財難以用政治或經濟效益衡量，不過AIIB的標準與條件是更符合東南亞國家、其他發展中國家及落後地區的發展需求風格。即使AIIB所體現比較低的交易透明度，或較為明顯的政治意涵，其相對較低的貸款條件或恰恰「符合」了其他國家的需求（表5.2）。

亞投行對於美國來說，自然是被納入美國的「不速之客」，並公開反對美國盟友加入亞投行。中國在政策上的優惠吸引或

表5.2 亞洲開發銀行與亞洲基礎建設銀行

| | 亞洲開發銀行 | 亞洲基礎建設銀行 |
|---|---|---|
| 會員國 | 67個 | 69個 |
| 目標 | 消除亞洲貧窮問題 | 開發亞洲基礎建設 |
| 啟動資本 | 1,630 億美元 | 1,000 億美元 |
| 股權 | 日本15.571%；美國15.571%；中國6.429% | 中國30.34%；印度10.4% |
| 決策單位 | 董事局 | 董事局 |
| 投標權 | 權重投票 | 權重投票 |
| 領導力 | 日本主導 | 中國主導 |

說服區域其他國家在未來採用以「中國標準」的制度與規範。這種現象意味着東亞國家在未來有可能融入到所謂的「中國化」的秩序。再者，無論中國對亞投行的政治和外交動機如何，由國際融資誘發的投資都將驅動更多的貿易和資本流動，加速鐵路和其他基礎建設的發展，這兩者恰恰是區域一體化的關鍵功能。

## 東亞區域意識：東盟共識與亞太意識

在東亞，究竟哪種發展途徑與東亞本體的意識是最相符的？東盟的集體共識是否融入於亞太地區的開放意識？相較之下，東亞國家並沒有建立一個類似於歐盟的高度制度化的地緣社區實體，而是一種相對寬鬆的睦鄰區域合作模式。對於東亞而言，這些區域主義的廣泛方式是涵蓋政治和經濟問題的雙邊和多邊途徑，同時也揭示多元和多中心世界的演化動力。整合區域主義通過展示一項雄心勃勃的東亞區域一體化倡議，加劇了各強權在當前時勢下的地緣角力格局。至於所謂的「亞太意識」能否有效在「異中求同」發展出包含東亞的「亞太共同體」？

東盟從過去的「被塑造」發展至今的「集體共識」，對整個東亞區域的安全與穩定發展發揮重要角色，包括中印半島的越戰及紅色高棉時期都有正面的遏制作用。到了1990年，東盟進一步成功將中印半島的CLMV（柬埔寨、緬甸、老撾及越南）納入東盟框架，為整個東南亞提供一個集體發展的平台。東盟在區域安全架構方面，以「不干預內政」原則為政治基礎，後以集體安全與區域發展為最高指導原則。東盟方式涉及國家間行為的行為準則以及基於共識的決策過程。該行為準則包含一系列反對東南亞事務中特定問題的原則；東盟的機構建設是指東南亞國家之間協調與合作的集體機構和靈活框架的發展。其次，東盟在該地區內部和外部成員國之間發生衝突時，將衝突管理納入其制度機制。再者，東盟遵守的「共識決」也維護了「東盟」在中、美、歐、俄四大強權之間的主體意識，爾後方有東盟—歐洲、東盟—中國、東盟—美國及東盟—俄羅斯的雙邊機制的出現。因此，東盟國家採取獨特的方式來實現其戰略任務，而不只是「圍欄維護者」（Fence protector）的表面功夫。

對於東盟的主導權，檯面上就有印尼、馬來西亞與新加坡三個候選國。雖然東盟目前採取輪值主席的機制，但實際運作與主導區域事務仍須由所謂的「常設主席」來主導。印尼是全球最大的伊斯蘭國家，不過卻因為複雜的國內宗教、種族、政治等問題纏身而自顧不暇。至於新加坡與馬來西亞，尤其是時任新加坡總理的李光耀與時任馬來西亞首相馬哈蒂爾在同時期都爭取主導東盟這個組織，他們強勢的領導風格駕馭着區域穩的發展，並且維持了東南亞國家在南海與馬來群島的自治性，免於美國、俄羅斯及中國勢力的干預。如今，東盟意識也時移事遷，東盟國家的政權與領導在世代交替紛紛出現不少變數，也影響着「東盟意識」能否維持「開放且共決」的最高原則。

所謂的「亞太意識」強調的是以「開放且共享」的原則發展亞太區域。支持亞太意識者強調主觀的戰略文化和談判風

格，並解釋亞太多邊機構內獨特的特徵和決策過程。亞太意識的「開放」與東盟的「開放」並無差異。不過，亞太的「共享」概念是相對爭議的，因為亞太意識強調的「分享」會進一步稀釋東亞國家的主權性，強國更容易以此政治意識進行干預或影響，明顯與東盟的不干預原則有所抵觸。其次，亞太地區涵蓋的國家數目、政治體制、經濟水準及種族社會議題都有很大差異。在於安全方面，各國尋求的區域合作層次不同，例如新加坡與菲律賓對於國家安全需求與軍事保障都有所不同。再者，APEC發展至今已接近三載，目前仍是一個停滯不前的廣泛性區域組織。換言之，無論是在主觀與客觀條件下，「亞太意識」未能符合東亞地區的地緣因素，而東亞地區恰恰需要的符合區域意識支持的制度框架。與此同時，「東盟意識」得審時度勢做出適時的制度調整；「亞太意識」或已漫走在理想道路上。

## 貿易集團「俱樂部」與「中國經濟圈」

在區域制度主義興起的背景下，俱樂部模式是各國追求特定集體目標的零和遊戲，即所謂的「沒有加入等於排除在外」的遊戲規則。俱樂部模式會依據特定集體利益來實施針對性的排外政策，非會員國是無法享受特定的權益。這些俱樂部總是以犧牲全球制度或載體（如國際貨幣基金組織和世界銀行）的非成員利益，並專注於通過運營對自身有利可圖的業務，並非通過道德高度與合理權益而獲得的利益。例如，巴黎俱樂部以前向欠發達國家提供了幾種金融援助，其條款和條件使得其成員從這些所謂的援助中受益，而不是從國際貨幣基金組織和世界銀行的機構中受益。

其次，經濟性質的俱樂部，除了各會員國是建立在夥伴關係外，其成員國的投票權重都與特殊的權利關係直接掛鉤。這

表5.3 全球主要的貿易集團（2018年）

| 貿易區 | 區域 | 會員數 | 主導國家/實體 | 設立/簽署 | 人口 | 全球GDP份額 | 全球貿易份額 |
|---|---|---|---|---|---|---|---|
| 歐盟(EU) | 歐洲 | 28 | 歐盟集體 | 1992年 | 5.14億 | 16.29% | 26.80% |
| 北美自貿區(NAFTA) | 北美 | 3 | 美國 | 1994年 | 4.78億 | 21.81% | 19.90% |
| 東盟自貿區(AFTA) | 東南亞 | 10 | 東盟集體 | 1992年 | 6.22億 | 2.50% | 8.69% |
| 區域全面經濟夥伴關係協定(RCEP) | 亞太與印度 | 16 | 中國與印尼 | 即將成立 | 34.50億 | 29.6% | 38.40% |
| 跨太平洋夥伴協定(TPP) | 亞太 | 12 | 美國與日本 | 未成立 | 8.05億 | 36.0% | 25.30% |
| 跨太平洋夥伴全面進步協定(CPTPP)[1] | 亞太 | 11 | 日本 | 2018年 | 5.0億 | 12.9% | 14.90% |
| 跨大西洋貿易及投資夥伴協議(TTIP) | 大西洋 | 29 | 美國與歐盟 | 未成立 | 8.37億 | 50.69% | 40.67% |
| FTAAP | 亞太地區 | 21 | 中國 | 未成立 | 28.25億 | 57.0% | 48.70% |

註1 ：原稱跨太平洋夥伴關係協定，後來美國在2017年1月退出該協定後，演變成「跨太平洋夥伴全面進步協定」（Comprehensive and Progressive Agreement for Trans-Pacific Partnership），並在2018年3日，於智利簽署成立，共有11個會員國。

資料來源：作者彙整，自世界貿易組織，國際貿易統計；及國際貨幣基金組織。

一些以貿易集團為主的俱樂部，其手段是降低貿易壁壘，減少他國歧視性的貿易政策影響到國內自身的經濟發展。歐盟，北美自由貿易區，東盟自由貿易區和南方共同市場目前是全球貿易中四大貿易集團（表5.3）。

## 中國經濟圈

　　「中國經濟圈」的概念在近二十年來是全球各國的聚焦。在1998年後，中國基於營造「友好」的周邊外交環境，以中國的貿易自由化作為區域中心，試圖以市場優勢將各國納入所謂的「中國經濟圈」，並以俱樂部模式允許東亞國家支付較少的關稅以換取更好的市場准入，使得東亞區域內的貿易自由互通。其次，隨着人民幣的國際化日益擴張，加上人民幣自身受到中國內部外匯管制而產生有利可圖的套利空間，一種以「人民幣合格境外機構投資者」（RMB Qualified Foreign Institutional Investor, RQFII）俱樂部因此誕生。世界各地的金融中心也正在爭取經中國人民銀行批准的RQFII的離岸結算中心資格，該俱樂部旨在使中國資本市場的投資者群體多元化，並促進人民幣的投資。中國藉RQFII惠及部分東亞國家，特別是與中國重點外交對象國家獲批的配額就越高。以新加坡為例，中國批予新加坡的RQFII總配額有利新加坡機構投資者能夠將離岸人民幣從新加坡引入中國證券市場，還可以使用RQFII額度向新加坡的廣大投資者發行人民幣投資產品。

## 樞紐輻射系統：強權—支點網絡

　　樞紐輻射系統是一種國家實力投射的輻射網絡，其中由幾個國家組成，每個國家都是獨立主權的，各自仰賴於一個強權力量匯集成權力樞紐輻射網絡。在這個系統內，以強權為主導的樞紐平台（hub）可以支配其系統內的國家作為其輻射網絡的支點（spoke）以有效實施一個輻射樞紐的集體利益。在東亞，美日兩國同時利用美國其他東亞盟友如韓國、菲律賓、準盟友台灣共同連銜成區域安全島鏈，築起區域安全的防火牆（firewall）。隨着冷戰的結束，東亞的樞紐輻射系統雖有所下

降，但也同時將戰略目標轉移到東亞的另一個強權——中國。隨着中美之間政治和安全競爭的不斷加劇，樞紐輻射系統得到了戰略性的推動。這個系統讓美國在維護該地區內部安全方面發揮核心作用，並防止出現可能威脅其在東亞地區領導地位。其次，中心輻射系統亦廣泛應用在經濟發展模式。1970年以來，美日樞紐輻射系統一直主導着東亞的政治和經濟規範。中國經濟的迅速增長和主動參與東亞經濟的整合，已經從根本上改變了整個地緣格局。為了維護以美國為中心的戰略部署，美國向日本、韓國、澳洲、菲律賓和泰國提供向外輻射的外交支援，TPP明顯就是美國奧巴馬政府用以強化美國——東亞國家之間的樞紐輻射關係。美國協助日本開拓新的外交資源，例如為緬甸、越南等國的經濟制裁解套，讓美國與日本企業在這些國家尋找新資源，並重建與東南亞國家的商業關係。在國際生產關係中，樞紐輻射範式已應用於這些國家經濟的國際生產網絡。此外，美國與日本參與大湄公河的建設與外交戰略部署，並允許日本在東亞整合發揮有限的領導作用。

## 當中國「OBOR」遇到日本「PQI」

中國倡議的「一帶一路」[5]源自一個歷史悠久的絲綢之路概念。與新自由主義的發展模式形成鮮明對比的是，「一帶一路」強調「大規模的國家主導的基礎設施投資」，以促進跨歐亞經濟的互聯互通。「一帶一路」推動區域主義走向以中國為中心的過程，將資本流動、貿易流動、交通網絡和社會化相互連接

---

5. 一帶一路的項目投資估計將使來自65個國家的44億人受益中國領導的亞投行和絲綢之路基礎設施基金加速了該地區的一帶一路項目的進展。

中國倡議的「一帶一路」，促進跨歐亞經濟的互聯互通，被認為是一個具有中國因素的區域整合發展模式。圖攝於2017年5月在北京舉行的第一屆「一帶一路」國際高峰論壇。

起來。「一帶一路」講的是政經整合的新經濟發展模式，例如將戰略產業帶出去，形同一個具有中國因素的區域整合發展模式。例如基建產業、運輸系統與港口設施等都是「一帶一路」的主打產品。其次，「一帶一路」是非常強調經濟產業鏈的整合效果，尤其是突破全球供應鏈價值的「二低一高」，即低運輸成本、低勞動成本及高附加價值的創新。在未來，隨着中國國民人均收入的增長、消費結構和產業結構的升級、生產模式的轉變，對全球特別是發達市場的資本設備和商業服務的需求將會繼續大幅增長，使中國的經濟生產帶動的區域整合進程可以在「一帶一路」產生更大的溢出效果。

　　由於「一帶一路」實施中的基礎設施建設投資大、周期長、收益慢，在很大程度上有賴於有關合作國家的政策政治穩定和對華關係狀況。二者之間的矛盾增加了「一帶一路」建設

中的政治風險。「一帶一路」也存在不同程度的風險，最大的風險是中國的重商主義和各國民族主義、大國地緣政治勢力三股力量的交鋒衝突。其次，在「一帶一路」沿線國家的數量多而繁雜，周邊國家政局動盪，政權輪替或政變都有可能導致各種早前的投資承諾取消或重啟。例如緬甸、越南及新加坡過去深受「大中華文化」的影響，這些國家現在「一帶一路」的外交方針卻是出乎意外。中國企業在緬甸與越南的部分投資遭遇當地人的反對，致使這些國家選擇向日資靠攏。換言之，諸多國家的避險策略相對使得北京政府得付出更多的代價換取外交實力。「中國威脅論」或「債務陷阱」給「一帶一路」帶來更多的阻擾，進而使得中國得付出更多的「代價」換取他國的討價還價。

「一帶一路」的另一個戰略意涵會不會是個「中國標準」的籠子呢？有幾個證據可以佐證：凡由中國承建的基礎建設工程日後勢必採用「中國標準」，使得具有成本優勢的「中國標準」將進一步在國際市場取代歐美及日本的標準。第二，基礎建設工程本身就具有持續性，一旦混用了前後不一致的「工程標準」，難免會出現技術與工程實體的摩擦，明顯的就是不同國家採取的鐵軌系統很多都是取決於個別不同的國家標準或承造企業。這些參與「一帶一路」國家的基礎建設工程的資金自然來自於中國主導的AIIB。尤其是低息貸款、抵押信貸及主權信貸就是國與國之間最常見的融資手段。例如某國已投入的基礎建設工程正在建造中，而因雙邊關係受到政治不同程度的影響，工程自然會「被擱置」或是違約，明顯將政治的敏感搬到在地的民生與經濟上。

日本在維持其在東南亞區域確立已久的經濟影響力的努力是不容小覷的，尤其是面臨來勢洶洶的「一帶一路」。日本一方面在拒絕加入亞投行的背景下，另起爐灶推出「高質量基礎

設施夥伴關係」（The Partnership for Quality Infrastructure, PQI），首相安倍晉三宣佈重啓日本（自民黨）政府在2009年已擬定的PQI，對亞洲地區提供1,100億美元資金（比中國「一帶一路」的絲路基金多出600億美元），進一步推進基礎設施出口戰略，從項目標準、區域佈局、金融支持等。無論在籌劃時程與資金規模上，日本的「高質量基礎設施夥伴關係」比中國的「一帶一路」甚早，資金規模也甚多些。PQI強調長期的成本效益與區域基礎設施市場的「低成本，低息貸款」競爭。東京除了推出自己的基礎設施開發項目外，還選擇孟買作為主要合作夥伴，通過PQI平衡中國在該地區的影響力。PQI的競爭優勢有四大支柱加持：第一、日本官方發展援助貸款增加25%，並促進公私伙伴關係；第二、日本政府對亞行的舉措給予很大的支持，例如貸款能力擴大到50%，並通過日本國際協力機構加強合作；第三、要求日本國際合作銀行為「風險相對較高」的PPP（Public-Private-Partnership，公私合作模式）基礎設施項目提供資金；第四、旨在通過實地考察，研討會和國際論壇促進高質量基礎設施投資。

最終，如何在顧及各國的政治安全及經濟安全的前提下，妥善發展「一帶一路」的戰略效果，就視乎中國政府與地方政府的協調能力，以及外交操作的技術含量。中國雖說推進「一帶一路」建設不會重複地緣博弈的老套路，但日本政府顯然不會輕信這位強勁的對手。由於目前中日雙方都面臨產業結構轉型，均需尋找新的經濟增長點。中日兩國競爭激烈，甚至在印尼、泰國等高鐵項目激烈的競爭，最終使東道國獲得更大議價空間，這些國家將在中日競爭之間坐享「談判紅利」。基於兩國海外投資的現實需求，中日在競爭中理應尋找合作共贏機遇和空間，減少零和博弈。最後的結果，鹿死誰手？

無可否認的，以美國霸權領導的全球化對當前世界經濟發展具有積極意義，對於東亞亦然。一如既往，在國際間的合作或融合，經濟發展途徑必然是首選於政治與軍事。「資本流」、「技術流」以及「人才流」同樣引領東亞的區域發展，尤其是貿易自由化驅動着更多生產中心出現在東亞，以致東亞有「世界工廠」的稱號。東亞，在過去的歷史也確實發展過區域性整合──「絲綢之路」是以絲綢、瓷器及茶葉作為區域貿易的標的。到了今日，甦醒的中國正如法炮製現代化版本的「一帶一路」，以中國為中心，向邊陲地區擴展的區域整合計劃。與此同時，中國卻面臨着二戰後主導全球秩序的美國霸權以及東亞區域內的日本。當前，美國實施的單邊主義究竟在國際社會上是獲得更多的支持，還是更多的抵制呢？國際建制的存在意義與責任在符合美國利益的基礎上是可以被「典當的」。當美國不再相信世貿組織或是聯合國屬下的組織或規範時，中國在此刻的角色顯得更重要。二戰結束後，最早呼籲自由貿易的美國現在卻變成保守的新重商主義；相反的，被各界視為威權的中國卻持續對外開放經濟。對照之下，究竟哪一個是相對適合東亞區域整合的夥伴？相信在這個章節，以建制的制定與利益導向的公共財視角就已經給讀者一個清楚的答案。

# 小結

　　東亞的區域整合已經呈現一種碎片化的情境，而筆者試圖以拼湊與歸納法，盡可能敘述一個符合當下東亞區域的理論──競爭式區域整合。在東亞區域發展存在的競爭，是一種與生俱來的秩序特質，唯獨被東亞大部分歷史興衰所打斷，直至20世紀90年代重新踏入一種新的發展階段。筆者在這本書主要不是交代東亞歷史發展觀，而是側重於敘述與分析當前的東亞區域整合的態勢以及既有的問題與挑戰。

　　一個是具有成本優勢的中國產品，打着自由化的旗幟進軍東亞市場，想要藉由市場力量整合成一個以「中國」為中心的市場；另一個號稱最自由經濟體的美國，卻豎起保護主義的圍牆，脅迫個別國家簽署不對稱的雙邊自由貿易協定。在東亞內部，以中日兩國「良性」競爭為確實能為區域發展創造更多的公共財與發展機遇。

　　在東亞區域經濟整合的進程中，尤其是新興國家多以中小企業模式如何與已開發經濟的跨國公司之間的商業競爭日趨激烈。區域經濟整合着重的自由貿易協定能否在東南亞地區發揮該有的效率整合功能，還是掀起另一波跨國公司與中小企業的競爭？筆者相信東盟國家的領導人看重的就是更長遠的博弈賽局之下的政治紅利，因為賽局沒有終止點，只有更多的環境變數，這些國家也就得靠這些變數求生存、求發展。

再者，東亞的地緣秩序就與「森林法則」如出一轍——物競天擇的競爭本質。如前所述，時事遷移的結果是預期的，善變的則是客觀的變數，而這些變數更多是依附着行為者之間的互動與策略。這也就是今日東亞地緣格局與區域整合的原貌，並由互賴與不對稱關係交織成的競爭關係。從中國—美國—日本三強到東盟內部成員國之間的競爭，幾乎都出現不同層次的競爭條件與戰略博弈。東亞國家內部相當高的同質性（尤其是FTA談判）也成了在東亞區域整合的談判桌上上演唇槍舌劍，互不相讓。在制度叢生的東亞，其「多元」且「多量」並不如預期為區域整合創造的框架，反而是在「意大利麵碗效應」下產生更多重疊的交易成本，拖累了東亞整合主軸的推進。

筆者深信東亞的區域意識與認同的發展，終究還是得回歸是東亞國家能否凝聚共識。可惜的是，「中日關係」、歷史與強權遺留的主權爭議等都必須得在區域整合進程中慢慢磨平，否則東亞的區域整合在不穩定的條件下完成最終也將失敗收場。難拆難解的中日地緣博弈不斷為東亞區域整合增添變數，另一頭又以美日「中心輻射系統」，這個東亞區域整合格局終究的「解鈴還須繫鈴人」。

# 後記

　　這本書是改編自博士論文——〈東亞競爭式區域整合：互賴與安全困境〉而成。當中，匯集了我將近十年的觀察與發現而著筆此作。由於此書涉及層面與範疇甚廣，恕無法一一詳盡。這本書雖篇幅不多，而以多元視角與深度應足以構建讀者對於東亞區域整合的現況與未來發展趨勢。為了讓讀者能簡潔明瞭，筆者已盡可能省略沉悶的理論論證，並以時勢發展作為實證分析的依據，藉此與讀者對審時度勢的分析產生共鳴。

　　本書能順利出版，筆者要感謝香港城市大學出版社的鼎力相助。在這裏筆者要非常感謝羅金義博士，如果沒有他的勉勵與行動支持，這本小作就難以面世。同樣也要感謝我的博士指導王建偉教授悉心的教導，以及吳德榮教授在我寫作瓶頸時的明燈導引。最後，就以此作獻給我極大的支持的家人，尤其是我的太太，如果沒有她的諒解與支持，我相信這本書是不大可能完成。最後，我力求與時並進的自我增值，盡我所能分析與解構時勢。書中若有不盡之處，侯請不吝指教。

# 參考文獻

Bhagwati, J. N. (1994). Free trade: Old and new challenges. *Economic Journal, 104*(423), 231–246.

Bhagwati, J. N. (1992). Regionalism and multilateral: An overview. *Discussion Paper Series 603*, Columbia University, Department of Economic.

Bhagwati, J. N. (1999). Regionalism and multilateralism: An overview. in Bhagwati J. Pravin and Panagariya, Arvind Krishna (eds), *Trading Blocs: Alternative Approaches to Analyzing Preferential Trade Agreements.* Cambridge, Massachusetts and London: MIT Press.

Bóka É. (2005). Rethinking the role of the federalist ideas in the construction of Europe (A historical survey). Corvinus University of Budapest, Budapest.

Cantori, L. J. and Spiegel, S. L. (1970). *The International Politics of Regions: A Comparative Approach.* New Jersey: Prentice-Hall.

Gilson, J. (2007). Strategic regionalism in East Asia. *Review of International Studies, 33*(1), 143–163.

Haas, E. B. (1964). *Beyond the Nation-state: Functionalism and International Organization.* Stanford University Press.

Hettne, B. and Söderbaum, F. (December 2000). Theorising the rise of regionness. *New Political Economy, 5*(3), 457–473.

Jutla, D., Bodorik, P., and Dhaliwal, J. (2002). Government support for the readiness of small and medium sized enterprises. 35th Annual Hawaii International Conference on Systems Sciences. United States: Hawaii.

Keohane, R. O. and Nye, J. S. (1989). *Power and Interdependence.* Illinois: Scott: Foresman & Company.

Krugman, P. (1996). Making sense of the competitiveness debate. *Oxford Review of Economic Policy , 12*(3), 17–25.

MacLaren, D. (September/October 2007). Competing regionalism: Asia-Pacific region. *Intereconomics, 42*, 249–254. doi:10.1007/s10272-007-0225-8

McKinnon, A. (2011). Hong Kong and Singapore ports: Challenges, opportunities, and global competitiveness. Working Paper Series, City University of Hong Kong, Hong Kong Centre for Maritime and Transportation Law, Hong Kong.

Mitrany D. (1933). *The Progress of International Government.* New Haven: Yale University Press.

Porter, M. E. (1990). *The Competitive Advantage of Nations.* New York: Free Press.

Singh, R. K., Garg, S. K., and Deshmukh, S. G. (2010). The competitiveness of SMEs in a globalized economy: Observations from China and India. *Management Research Review, 33*(1), 54–65.

Telò M. (2014). Between trade regionalization and various path towards deeper cooperation, in Telò Mario (eds.), *European Union and New Regionalism: Competing Regionalism and Global Governance in a post-Hegemonic Era* (pp. 142–165). New York: Routledge.

UNIDO. (2015). *Economic Zones in the ASEAN: Industrial Parks, Special Economic Zones, ECO Industrial Parks, Innovation District as Strategies for Industrial Competitiveness.* Viet Nam: United Nations Industrial Development Organization, UNIDO Country Office in Viet Nam.

Urata, S. (2009). Exclusion fears and competitive regionalism in East Asia, in Mireya Solis, Barbara Stallings and Saori N. Katada (eds.), *Competitive Regionalism: FTA Diffusion in the Pacific Rim* (pp. 21–53). New York: Palgrave Macmillan.

Woolcock, S., Barfield, C., Maclaren, D., and Koopmann, G. (September/October, 2007). Competing regionalism: Patterns, economic impact and implications for the multilateral trading system. *Intereconomics, 42,* 236–259. doi:10.1007/s10272-007-0225-8

# 東亞焦點叢書
已經出版

蔡英文兩岸政策的心路歷程

印尼產業的政治經濟學
資源詛咒

老撾的地緣政治學
哪些還是機會？

南海之爭的多元視角

馬來西亞民主轉型
族群與宗教之間

澳門文化遺產保護
公民參與的策略

轉型中的
東亞福利體制